Herder Taschenbuch 1570

Über das Buch

Nichts gegen ein reinigendes Donnerwetter! Aber als Dauereinrichtung ist es glatte Energieverschwendung. Die meisten Konflikte rund um den Familientisch sind nämlich durch uns selber
heraufbeschworen. Die Stolpersteine heißen: Gereiztheit, Voreingenommenheit, ungenaues Hinhören.
Wie aber räumt man solche Steine aus dem Haus, daß sie nicht
gleich wieder durchs Fenster hereinfallen? Thomas Gordon hat
in seiner „Familienkonferenz" das grundlegende Modell dazu
geschaffen. Walter Pacher hat es, weitere Anregungen von Fritz
Künkel und Rudolf Dreikurs beiziehend, in ‚nachvollziehbare'
Schritte übersetzt, die er seit Jahren in vielen Dutzenden von
Kursen immer wieder der Praxis angepaßt hat. Er hat eine ganz
besondere Art entwickelt, Probleme zu lösen.
In diesem Taschenbuch hat nun Pacher endlich die Hauptelemente seines Erfolges zwischen zwei Buchdeckeln gefaßt, übersichtlich geordnet, logisch, überzeugend. Durch Schaubilder
und lebendig erzählte Erlebnisse ist das Buch amüsant und
spannend zu lesen. Jene Leser, die mit dem frustrierenden Familienkrieg wirklich Schluß machen wollen, werden durch dieses Buch mehr und mehr erfahren: Zusammenleben macht
wieder Freude.

Über den Autor

Walter Pacher, geboren 1925, ist diplomierter Erwachsenen-
bildner und hat 1979 seinen Diplomabschluß an der Akademie
für Erwachsenenbildung in Luzern absolviert. Schon seit 1960
beschäftigt sich Pacher mit Gesprächs- und Menschenführung.
Er sieht sich selber als Autodidakt. In allem, was er tut und sagt,
spürt man seine persönliche Überzeugung.
Entgegengesetzte Meinungen und Probleme sieht Pacher als
Chance, mit seinen Mitmenschen durch bewußt geführte Gespräche „echte" Beziehungen aufbauen zu können.
Konflikte in positive Gespräche umzusetzen kann als eigentliches Anliegen von Walter Pacher bezeichnet werden.

Walter Pacher

So macht Zusammenleben Freude

Spielregeln und Übungen
Nach Gordons Familienkonferenz

Herder Taschenbuch Verlag

Originalausgabe
erstmals veröffentlicht als Herder-Taschenbuch

Buchumschlag: Walter Emmrich

Inhalt

TEIL II

Wie ich besseren Zugang zu meinem Kinde finde

8. Zum Zwecke welchen Zweckes macht ein Mensch überhaupt etwas?

Oft will mein Kind unglaubliche Dinge unternehmen. Und oft fällt mir schwer, dahinter eine vernünftige Absicht zu erkennen.

Oder – wie ich Bedürfnisse meines Kindes besser verstehen kann . . . .

9. Kinder sind sooo widersprüchlich

Plötzlich ist mein Kind wie ein umgekehrter Handschuh. Was geht denn in meinem Kind vor?

Oder – wie ich das eigentliche Wesen meines Kindes erkennen kann . . . .

10. Mensch oder Gegenstand

Dressur oder Erziehung? Erziehung oder Erdrückung? Wie gehe ich eigentlich mit meinem Kinde um?

Oder – wie sich eine ‚humane‘ Erziehung im Alltag bewähren könnte . . . .

11. Freiwilliger Zwang oder natürliche Folgen

Ohne Strafe geht es offenbar nicht. Strafe aber ist ‚Machtanwendung‘!

Oder – wie Strafe nicht als Vergeltungsschlag erzürnter Eltern wirkt . . . .

12. Konfliktlösung, Schuld und Vergebung

Wer ist eigentlich schuld, wenn man Streit hat?
Schuld ist ein schlimmes Wort. Warum denn immer die Schuldfrage?

13. Richtig helfen durch richtiges Verstehen

Ich will doch nur das Beste für mein Kind. Warum
kommen meine größeren Kinder mit ihren Freuden und Leiden nicht mehr zu mir?

Vorwort

Nichts gegen ein reinigendes Donnerwetter! Aber als Dauereinrichtung ist es glatte Energieverschwendung. Die meisten Konflikte rund um den Familientisch sind nämlich durch uns selber heraufbeschworen. Die Stolpersteine heißen: Gereiztheit, Voreingenommenheit, ungenaues Hinhören.

Wie aber räumt man solche Steine aus dem Haus, daß sie nicht gleich wieder durchs Fenster hereinfallen? Thomas Gordon hat in seiner „Familienkonferenz" das grundlegende Modell dazu geschaffen. Walter Pacher hat es, weitere Anregungen von Fritz Künkel und Rudolf Dreikurs beiziehend, in ‚nachvollziehbare' Schritte übersetzt, die er seit Jahren in vielen Dutzenden von Kursen immer wieder der Praxis angepaßt hat. Er hat eine ganz besondere Art entwickelt, Probleme zu lösen.

In diesem Taschenbuch hat nun Pacher endlich die Hauptelemente seines Erfolges zwischen zwei Buchdeckeln gefaßt, übersichtlich geordnet, logisch, überzeugend. Durch Schaubilder und lebendig erzählte Erlebnisse ist das Buch amüsant und spannend zu lesen. Jene Leser, die mit dem frustrierenden Familienkrieg wirklich Schluß machen wollen, werden durch dieses Buch mehr und mehr erfahren: Zusammenleben macht wieder Freude.

Viel Spaß am Lesen.

TEIL I

Wie Gespräche mit meinem Kind Erfolg haben

1.
Ich rede doch nicht
für den Wind!

Auf den ersten Blick scheint es ja keine Frage zu sein. Wenn wir in die Ferien fahren und ich für das Gepäck keinen Platz mehr im Auto finde, sage ich doch unmißverständlich: „Bitte, hole unseren Gepäckträger für das Auto aus dem Keller!"
Warum sollte auch mein Sohn das Gestell nicht aus dem Keller holen? Wozu denn ‚Gesprächsschulung'?
Wenn die Mutter sagt: „Brigitte, sei so nett und räume dein Zimmer auf", ist der Erfolg schon nicht mehr ganz so sicher. Jedoch, Frau Mama ist noch lange nicht ratlos. Sie sagt mit festem Ton: „Brigitte, ich habe dich gebeten, das Zimmer aufzuräumen!" Bei erneuter Mißachtung ist unsere Erzieherin aber immer noch nicht verlegen. Sie wird bestimmt: „Wenn du jetzt das Zimmer nicht aufräumst, dann ..., meinst du, ich rede für den Wind!"
Nehmen wir an, die Zauberformel ‚wenn – dann' hatte Wirkung, so ist doch eines sicher: Brigitte wird sich überlegen, wie sie das nächste Mal bei einem solchen Befehl besser durch die Maschen schlüpfen kann. Zumindest eine schnippische Erwiderung wird Brigitte für den nächsten Fall vorbereitet haben. Die *Eskulation gegenseitiger Vorwürfe* hat ihren Anfang genommen.
Der vorwurfsvolle Ton ist allgegenwärtig. Wir merken ihn ja schon gar nicht mehr. In der Politik strotzt es von Vorwürfen. Ehepaare haben oft nur einen Ton auf ihrer

Geige: den vorwurfsvollen. Stellen Sie sich einmal in einem Einkaufszentrum hinter ein Gestell und beobachten Sie Mütter mit ihren kleinen Kindern. Sie werden feststellen, daß jede Frau ihren eigenen, immer gleichen Ton hat, z. B.: den vorwurfsvollen.

Die mildeste Form des Vorwurfes sind *ungebetene Ratschläge*. Was werden kleine und große Kinder mit Ratschlägen bis zu völlig sinnlosen und nervenden Sätzen traktiert, wie: Paß aber auf! Fahr dann nicht so schnell! Du mußt es eben richtig machen! Ich habe kalt, zieh den Pullover an! All diese gut gemeinten Vorschläge, wie die Verursacher immer wieder beteuern, sind nur der verkappte Vorwurf: Von allein kannst du das ja doch nicht. Ungebetene Ratschläge sind eben auch Schläge.

Eine andere Form des Vorwurfes ist der Befehl. Man lasse sich aber nicht täuschen! Jeder Befehl ist schließlich der Vorwurf, daß der andere nicht von selber auf die Idee kommt, dieses oder jenes zu tun. Eine weitere Form des Vorwurfes ist: *Lösungen verteilen*.

Anita sagt zu Mama: „Mami, mir bläst es das ganze Papier vom Tisch." Mama antwortet schlagfertig: „So mach doch das Fenster zu."

Matthias sagt beim Weggehen: „Es regnet ja draußen!" Und Mutter fährt nahtlos weiter: „Du kannst doch den Regenmantel anziehen, oder?"

Ich habe nur einmal in einem Kurs gesagt: „Entschuldigt bitte meine Stimme, ich bin heiser." Ich kam mit einer halben Apotheke von Pillen und Tropfen gegen Heiserkeit heim (im Vertrauen: ich hatte natürlich mein bewährtes Mittel bei mir).

In jedem dieser Beispiele bedeutet es: du bist so dumm, daß ich dir das Allereinfachste sagen muß.

Eine andere Form des Vorwurfes besteht im ‚Schnellhilfeverfahren'. Wenn der kleine Oskar mit der verwickelten Schnur um den Schlitten kämpft, springt Vater ein. Wenn Ursula mit dem Dreirad umfällt, wird sie von Mutti wieder aufgestellt. Wenn das Schuhebinden zu langsam geht, heißt es schnell: „Du bist sogar zu dumm, den eigenen Schuh zu binden!" Und Mutter bindet mit böser Miene unter ruckartigen Bewegungen die Schuhe, „damit man endlich einmal fertig wird", wie sie bestimmt sagt.

Das Wort „Erziehung" bedeutet für viele Kinder nur: Verbote, Befehle, Vorwürfe und wieder Vorwürfe.

Es gibt nur eine Zerstörungskraft, die größer als die Atombombe ist: unsere millionenfachen Vorwürfe, die wir gedankenlos um uns herumschleudern. Der Übel Größtes ist – der Vorwurf.

Wie wirkungsvoll sind diese landläufigen Erziehungsmethoden? Beim aufmerksamen Herumhören wurde mir klar: nicht sehr wirksam!

Wie also sollte ich meiner Brigitte wirkungsvoll begegnen? Zum Beispiel so: „Du bist selber schuld, wenn ich dein Zimmer nicht staubsaugen kann!" Oder: „Dazu läßt du immer noch die Türen offen! Unser Besuch heute abend wird sich auch was denken!"

Beide Sätze beinhalten immer noch Vorwürfe, und in unserer Brigitte regen sich unwillkürlich Widerstand und Gereiztheit.

Die allzuwahre Regel lautet: Jeder Vorwurf erzeugt Widerstand. Positiv formuliert: Je vorwurfsloser, desto wirksamer.

Lieber Leser, diesen Satz wollen Sie mir nicht so recht abnehmen? Bitte gedulden Sie sich etwas, nehmen Sie einfach vorderhand zur Kenntnis, daß ich im Laufe meines Lebens durch eine Unmenge schlechter und guter

Erfahrungen zu dieser meiner Überzeugung gelangt bin. Wie aber müßte denn eine vorwurfslose Formulierung lauten? Nehmen Sie jetzt ein Blatt Papier zur Hand oder schreiben Sie in diesen folgenden freien Raum einen ‚vorwurfslosen' Satz, mit dem ein Gespräch beginnen könnte.

Situation oder Verhalten wertend, also leicht vorwurfsvoll	Situation oder Verhalten wertfrei, also ohne Vorwurf
Edwin, wie oft muß ich dir sagen: Dein Fahrrad gehört nicht vor die Garagentüre!	*Edwin, dein Fahrrad habe ich vor der Garage gesehen.*
Nicole, warum muß denn das Radio so laut laufen? Da wird man ja schwerhörig!	*hier ist es aber laut.*
Großmutter, das Geklapper von deinem Gebiß verdirbt mir den ganzen Appetit!	*Oma, dein Gebiß muß locker sein, es klappert.*

(Mögliche Antworten finden Sie auf Seite 121 ff.)

Eine Rede ist dann vorwurfslos, wenn sie wertfrei ist. Sie ist wertfrei, wenn ich nur das Verhalten oder die Situation beschreibe. Verhalten und Situation ist das, was ich wahrnehmen, sehen und hören kann. Es ist das, was ich auf einen Tonfilm bannen könnte. Bewerten wir einen Mitmenschen, dann vergleichen wir automatisch unser Verhalten mit unserer persönlichen Wertvorstellung. Beim Bewerten neigen wir zu Vorwürfen.

Unsere Gespräche wirken deshalb meistens vorwurfsvoll, weil wir ‚Verhalten‘ und ‚Bewerten‘ in unseren Aussagen vermischen. Unsere Einflußmöglichkeit steigt in
dem Maße, in dem wir das Verhalten unseres Gesprächspartners von unserer persönlichen Beurteilung
trennen.
Das klingt einfach, wie aber machen wir das, wenn wir
im Ernstfall nervös und emotional geladen sind?

Kommen Sie in Erregung, zählen Sie auf drei

Hier ein kleines Hilfsmittel, um Verhalten und Bewerten
besser auseinanderhalten zu können: Wenn Emotionen
wachsen und Sie vor Wut bald platzen, zählen Sie fest
und bestimmt: eins – zwei – drei. Woran liegt es? Eins,
zwei, drei?
Eins = Raum und Zeit, zwei = Situation des Kindes,
drei = meine Situation. Sie haben sich entschlossen,
möglichst sachlich zu bleiben: Deshalb registrieren Sie
zuerst die drei Einflüsse, die eine Situation ergeben.
Die Handlung eines Kindes ist selten an und für sich gut
oder schlecht. Die Umstände machen es. Zur Besserung
einer Situation bedarf es oft nur geringfügiger Verände-
rungen der Umstände.

1. Wenn Kinder beim Malen alles verschmieren, muß
   ich die Umgebung, oder den Ort ändern.
2. Wenn mein Kind Fieber hat und schlecht aufgelegt
   ist, muß ich seine Situation berücksichtigen.
3. Wenn ich Kopfweh habe und nervös bin, muß ich
   meine Situation den andern mitteilen und mich even-
   tuell zurückziehen.

Wenn Sie in einer angespannten Situation sind, halten Sie sich diese drei Einflußebenen vor Augen:

1. Raum und Zeit
2. Seine Situation
3. Meine Situation

Sie werden gelassener reagieren können und über die Wirkung werden Sie selbst staunen.

Sie können jetzt zwar im Ernstfall auf diese drei Ebenen achten. Sie haben erkannt, auf welcher Ebene der Konflikt liegt. Es kann aber sein, daß Sie immer noch Mühe haben, vorwurfslos mit Ihrem Kind zu reden. Denn sein Verhalten, Bezugsebene hin oder her, finden Sie einfach unglaublich.

Nun wäre also zu besprechen, wie Sie die Gelassenheit finden, das ungehörige Verhalten Ihres Kindes zu verstehen, ja, ihm eine bestimmte Schwäche, oder gar Fehler zuzugestehen. Einfach gesagt: Ob Sie das Verhalten Ihres Kindes ‚annehmen‘ können.

Die Beziehung zu Ihrem Kinde ist geprägt von Ihrer Einstellung gegenüber dem, was Ihr Kind sagt, oder tut. Dadurch wird seine Handlung für Sie entweder ‚annehmbar‘ oder ‚nicht annehmbar‘. Wenn für Sie ein bestimmtes Verhalten ‚unannehmbar‘ ist, dann haben Sie in dieser Sache Schwierigkeiten. Im Falle unserer Brigitte wäre es also Nr. 3, d. h.: Sie möchten bei Ihrem abendlichen Besuch als tüchtige Hausfrau gelten. Die Unordnung Ihrer Tochter stört diesen Eindruck.

Erst wenn Sie ‚über‘ Ihrem Problem stehen – in unserem Falle, wenn es Ihnen nichts mehr ausmacht, daß Ihr Besuch die Unordnung von Brigitte sieht – erst dann wird es Ihnen möglich, das Problem und die Schwierigkeiten Ihres Kindes zu verstehen und es auch ohne Vorwurf anzunehmen.

Warum fällt uns eine vorwurfslose Rede so schwer? In unserem Gehirn laufen Vorgänge in Computergeschwindigkeit ab, die wir gar nicht wahrnehmen. Wir registrieren nur das Resultat. Ich projiziere z. B. mein Gefühl und meine Stimmung: „Die Situation ist mir unangenehm" auf den andern: „Du bist unangenehm." Deshalb meine ich, meine unangenehme Situation würde sich bessern, wenn der andere sich ändert. – Irrtum!

In unserem Gehirn laufen in Wirklichkeit folgende Vorgänge in Sekundenschnelle ab:

1. Mit meinen Augen und Ohren nehme ich wahr, was mit meinem Gesprächspartner und mir abläuft (Tonfilm).
2. Ich vergleiche die Situation und das Verhalten mit meinen Bedürfnissen und meiner Wertvorstellung.
3. Jetzt bewerte ich, ob diese Situation oder sein Verhalten für meine Bedürfnisse annehmbar ist oder nicht.
4. Ich entscheide mich für meine Lösung.

Unsere Gespräche werden sachlicher, und wir kommen schneller zu einer Lösung, wenn wir unseren unbewußt schnell ablaufenden Denkvorgang in obige vier Schritte aufteilen.

Kommen wir zurück zu unserer Brigitte: Bevor Brigitte auf Ihre Wünsche eingehen wird, müssen Sie vorerst Situation und Verhalten vorwurfslos definiert haben.

Wenn Sie das also zuwege gebracht haben, ist die Voraussetzung für eine gute Problemlösung mit Brigitte gegeben.

Aber das Zimmer der Tochter ist immer noch nicht aufgeräumt! Bitte haben Sie noch etwas Geduld. Am Ende des ersten Teils wird Brigitte ihr Zimmer vorbildlich aufgeräumt haben.

Synthetische, unkritische Reaktion

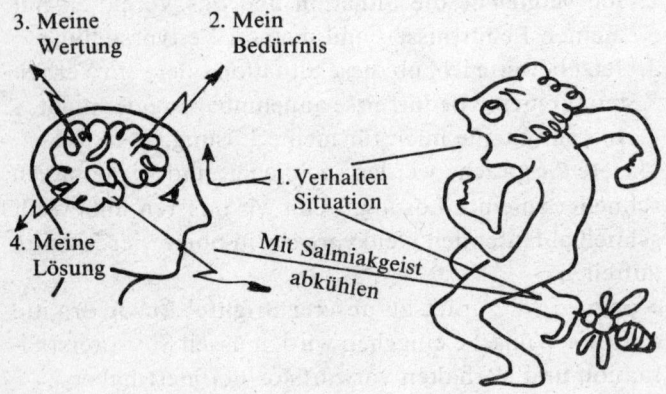

Analytische, kritische Reaktion

1. Mit meinen Augen und Ohren nehme ich wahr, was mit meinem Gesprächspartner und mir abläuft (Tonfilm).
2. Ich vergleiche die Situation und das Verhalten mit meinen Bedürfnissen und meinen Wertvorstellungen.
3. Jetzt bewerte ich, ob diese Situation oder sein Verhalten für meine Bedürfnisse annehmbar ist oder nicht.
4. Ich entscheide mich für meine Lösung.

1. Schlußfolgerung

Mein Einfluß auf mein Kind wird größer, wenn ich möglichst vorwurfslos mit ihm rede.
Ich kann ein Gespräch vorwurfslos beginnen, wenn ich zunächst das Verhalten oder die Situation ‚wertfrei' beschreibe.

2.

Wie man an Problemen
Spaß bekommen kann

Mit Ihrer ganzen Familie beladen, bleibt Ihr Auto plötzlich stehen. Keine Zündung. Kein Tönchen mehr. Alle steigen aus.

Während Sie versuchen, mit System den Fehler zu finden, macht sich die restliche Familie frisch ans Werk: Der Sohn öffnet die Werkzeugkiste. Er probiert, welcher Schlüssel zu welchen Schrauben paßt und schraubt fröhlich drauflos.

Die Tochter vermutet, es könne am Armaturenbrett liegen. Sie setzt sich ins Auto und probiert Hupe und Scheibenwischer und Anlasser und Scheinwerfer aus, während Mutter, oh Glücksfall, Lackfarbe mit Pinsel entdeckt. „Das liegt an den Roststellen. Die müssen verschwinden", sagt sie überzeugt.

Wie würden solche Hilfsangebote auf Sie wirken? Und wie schnell werden Ihre Angehörigen den Fehler behoben haben?

Natürlich ist dieses Bild überzeichnet. Im seelischen Bereich aber entscheiden sich Menschen mit Helfersyndrom genau für dieses Vorgehen. So bombardiert man die Kinder täglich mit einem ganzen Sack voll Lösungsvorschlägen, ohne sich um das Problem und die innere Not des Kindes zu kümmern. Wen wundert es da, wenn sich die Kinder von ihren Eltern abwenden?

Ich muß also zuerst das Problem meines Kindes erfaßt

haben, bevor ich sinnvolle Lösungen finden kann. Was aber verstehe ich unter dem Wort ‚Problem‘? Hier ein Beispiel:

Weil es regnerisch ist, bin ich mir nicht schlüssig, soll ich den schönen Mantel anziehen und den Schirm nehmen oder will ich den Schirm zu Hause lassen und die Windjacke mit Kapuze anziehen? Mein Problem lautet: Einerseits wäre für den Stadtbummel der Mantel passend. Andererseits will ich einkaufen und habe zwei Taschen zu tragen. Da wäre die Windjacke mit Kapuze praktischer und der Schirm störend. Das Problem lautet also: Einerseits Mantel mit Schirm und nur eine Hand frei. Andererseits Windjacke, kein Schirm, dafür zwei Hände frei.

Wir definieren für unseren Gebrauch das Wort ‚Problem‘ folgendermaßen: Bei einem Problem stehe ich vor der Entscheidung zwischen mindestens zwei entgegengesetzten Lösungen.

Angewandt auf den Erziehungsalltag könnten wir uns folgende Situation vorstellen: Heute abend will Mutter ins Theater. Für ihren 5jährigen Detlev hat sie einen Babysitter organisiert. Als die 18jährige Johanna ankommt, gibt es Krach. Detlev schreit: „Ich will mit Johanna nicht alleine sein. Ich will nicht, daß du fortgehst!"

In ihrer Verzweiflung läutet Mutter ihrer Freundin an: „Jetzt hör mal", so beginnt sie, „ich habe ein Problem: der Detlev nimmt den Babysitter nicht an. Was soll ich nur machen?" Ist das wirklich das Problem der Mutter?

Daß der Herr Sohn nicht den ganzen Abend mit dem Babysitter beisammen sein will, ist die Situation von Detlev.

Daß Johanna mit dem Detlev nicht klar kommt, ist doch die Situation und Schwierigkeit von Johanna.

Und daß die Mutter bei dieser Situation nicht ins Theater kann, ist eben die Situation und Schwierigkeit der Mutter.

Wo aber in aller Welt steckt denn das Problem? Wir definieren ja den Begriff Problem so: Immer, wenn ich mich zwischen mindestens zwei Lösungen entscheiden muß, stehe ich vor einem Problem. In unserem Falle hat jeder der drei Beteiligten sein Problem, nämlich:

Detlev: Einerseits mag er der Mutter das Konzert gönnen. Andererseits aber will er nicht den ganzen Abend Johanna um sich haben.

Johanna: Einerseits macht sie gerne Babysitting. Sie freut sich auch auf das Taschengeld, das sie verdient. Andererseits nimmt der Detlev sie nicht an.

Mutter: Einerseits möchte sie gerne ins Theater gehen. Andererseits ist es ihr wichtig, daß sich Detlev wohl fühlt. „Aber", so protestiert unsere Mutter, „ich will doch keine Probleme, ich will ins Theater!"

Heute hat man keine Zeit mehr für Probleme. Kinder, die sich querlegen, sind ‚Störungen'. Heute wünscht man sich pflegeleichte Kinder, 40° im Automat waschbar und ohne Bügeln aufzuhängen. Hoffen wir auf die Zeit, da wir Kinder produzieren können, die wir während des Theaterbesuches im Kühlschrank deponieren können. Eine harte Erkenntnis lautet: Von Natur aus sind wir alle ‚lösungsorientiert'.

Und doch tönt es überall: „Ich habe Probleme mit Bettnässen meines Kindes. Ich habe nur bei Ursula ewige Probleme mit dem Aufstehen. Ich habe Probleme mit den Schulnoten, mit Unordnung, mit Streit zwischen den Geschwistern, mit, mit, mit, ..." Probleme über Probleme! Was wundert's, wenn man versucht, Probleme tunlichst zu umschiffen oder einfach totzuschweigen.

Die Folge ist eine immer größer werdende Beziehungs-
losigkeit, immer weniger ‚echte' Kommunikation. Der
Mensch wird immer mehr sachbezogen und immer weniger personenbezogen.

Dieses Buch geht den umgekehrten Weg. Wir interessieren uns vorerst für das Problem unseres Mitmenschen,
unseres Kindes. Wir nehmen echten Anteil an seiner inneren Not. Wir nennen diese Grundhaltung ‚problemorientiert'. Je klarer die Problemstellung erkannt ist,
desto schneller werden wir die passende Lösung finden.
Sie wird sich wie von selbst einstellen. Das können Eltern immer wieder erleben.

Unser Grundsatz lautet: Echte Beziehung zu seinem
Kind, zu seinem Partner gelingt nur über ‚echte' Problemstellungen. Oder anders gesagt, in Ruhe besprochene Probleme und Meinungsverschiedenheiten sind
goldene Gelegenheiten, um mit seinen Kindern gute Beziehungen aufzubauen.

Anstatt mit seinen Kindern nur banales Zeug, unangenehme Tagesnachrichten und immer, immer wieder die
Fehler der Kinder wiederzukäuen, wäre es doch gera-
dezu eine interessante Abwechslung, mit der Jungmann-
schaft einmal ‚ihre' Probleme zu diskutieren.

Problemstellungen zur Unterhaltung

Da sitzen vier Personen einen Abend lang beim Karten-
spiel. Nach jeder Partie wird laut und engagiert diskutiert.

Da spielen Kinder Seilspringen. Immer kompliziertere
Verrenkungen werden ausprobiert.

Die Menschen sitzen zusammen bei ‚Halma', bei ‚Mühlestein', bei ‚Mensch ärgere dich nicht' und spielen mit Hingebung. Computerspiele jeder Art faszinieren die heutige Jugend. Sie können in Warenhäusern stundenlang an der Theke stehen und mit Computern spielen. Ja sogar zwei Schachspieler können einen Abend lang wortlos mit äußerster Konzentration auf ihre 64 Quadrate stieren, um über erfundene und letztlich sinnlose Regeln zu brüten.

Sie alle lösen Probleme spielerisch und anscheinend mit Lustgewinn. Eine ganze Spielzeugindustrie lebt von dem unbändigen Drang, Probleme zu lösen. Warum, so stellt sich die Frage, kann dieses Problemlösungs-Bedürfnis nicht in der Erziehung positiv berücksichtigt werden? Warum denn eigentlich nicht?

Folgendes Beispiel zeigt die Schwierigkeit: Da ist der Vater, der seinem Sohn zu Weihnachten eine Modelleisenbahn geschenkt hat. Mit Genuß probiert der Sohn alle Möglichkeiten von Eisenbahnunfällen aus. Der Vater aber donnert: „Entweder spielst du jetzt anständig, oder die ganze Anlage verschwindet im Keller!"

Hier stellen sich zwei Fragen:

1. Ist das Kind ein Chaot oder lernt es spielerisch an seinen selbst gestellten Problemen?

2. Ist der Vater problem- oder lösungsorientiert?

Da ist der kleine Kurt, der mit seinem Dreirad unentwegt eine Acht fährt, um auszuprobieren, wieviel es braucht, bis das Dreirad umkippt. Gerade ist er wieder einmal gekonnt umgefallen, als seine Mutter verängstigt und böse aus dem Hause gerannt kommt, das Kind aufhebt und ihm einen Klaps auf den Popo versetzt: „Warum zum Donner kannst du nicht ‚vernünftig' spielen?"

Das Kind hat sich spielend und unbewußt sein Problem

26

gestellt, das da lautet: Einerseits will ich nicht umfallen, andererseits ist schnelles Achter-Fahren viel lustiger. Wo ist die Grenze? Das Problem der Mutter lautet: Einerseits würde ich den Kurt ja gerne allein spielen lassen, andererseits habe ich Angst, Kurt könnte sich verletzen.

Das unverdorbene Kind lernt über Problemstellungen. Hinter jeder Problemstellung aber verbirgt sich ein starkes Bedürfnis des Kindes. Hinter dem Problem, eine Baumhütte möglichst hoch und möglichst schwer zugänglich zu bauen, verbirgt sich das Bedürfnis nach Abenteuer, nach eigener Welt etc. etc.

Jeder Mensch – und natürlich auch unser Kind – hat ganz bestimmte Bedürfnisse, auf die er nicht verzichten will.

Unter Bedürfnis verstehen wir starke Gefühle, ohne die ein Leben nicht sinnvoll erscheint, wie das Bedürfnis nach Wohlbefinden, Sicherheit, Geborgenheit, Beliebtheit, Erfolg und Selbstverwirklichung. Der Psychologe Maslow hat sich eingehend mit den Grundbedürfnissen beschäftigt. In Teil II werden wir noch einmal darauf zu sprechen kommen.

Wenn nun ein Grundbedürfnis nicht abgedeckt ist, entsteht für diesen Menschen eben sein Problem. Einem sinnvollen Lösungsversuch geht deshalb immer die Suche nach dem eigentlichen Bedürfnis und der daraus entstehenden Problemstellung voraus. Ein Konflikt entsteht, wenn sich die Probleme zweier Menschen überschneiden.

Die meisten Menschen suchen bei Konflikten mit großem Aufwand, oft auch mit viel Zeitverlust, nach Hunderten von Lösungen. Schließlich sind sie erschöpft und enttäuscht, denn alles hat nichts genützt.

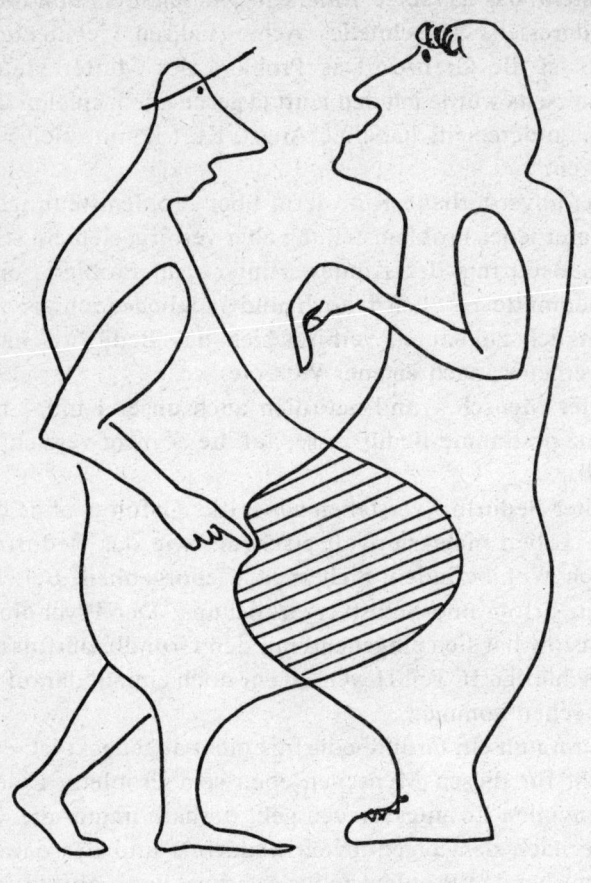

zwei Probleme mit
einem Konflikt

Grund? Man suchte passende Lösungen für ein Problem, das man nicht kennt. Genau das trifft folgender Witz: Ein Schüler sagt zu seinem Freund: Jetzt habe ich gerade eine tolle Lösung gefunden. Nur schade, sie paßt nicht zu unserer Aufgabe.

Es nützt alles nichts. Auch in der Erziehung gilt: je klarer die Problemstellung, desto schneller die richtige Lösung.

In unserem Fall mit Brigitte müssen eben auch zuerst Bedürfnis und Problem von beiden Seiten genau besprochen sein, bevor überhaupt an eine Lösungsmöglichkeit gedacht werden kann. Das würde ungefähr so aussehen:

1. Brigitte: Sie möchte als vollwertiges Familienmitglied angesehen werden (ihr Bedürfnis).
   Einerseits hätte sie mit der Mutter lieber Frieden, andererseits darf sie jetzt nicht nachgeben, sonst fühlt sie sich verkauft (ihre Problemstellung).

2. Mutter: Sie möchte die ganze Wohnung sauber haben, um bei ihren Besuchern als gute Hausfrau dazustehen. Dazu gehört eben auch Brigittes Zimmer (Bedürfnis der Mutter).
   Einerseits hätte auch sie lieber Frieden mit ihrer Tochter. Andererseits schämt sie sich, wenn Besuch kommt (ihr Problem).

Die Regel lautet: erst wenn sich mein Kind in seinem Bedürfnis und in seinem Problem verstanden fühlt, wird es offen für Lösungsvorschläge. Es gilt natürlich auch das Umgekehrte:

Mein Kind wird mich akzeptieren und ernst nehmen, wenn ich mein Bedürfnis und mein Problem verständlich erkläre.

Wir haben oben bereits festgestellt, daß Kinder die Welt zum großen Teil über Problemstellungen erobern. Kindliches Spielen ist lustvoller Umgang mit Problemstellungen.

Wie kann ich also das natürliche Problemlösungsbedürfnis in meiner Erziehung nutzbar machen?

Ich wollte ja ein Kind, um Freude mit diesem neuen Erdenbürger zu haben. Was liegt da näher, als mit ihm interessante Gespräche zu führen. Wie gelingt mir das? Über Problemstellungen. Ich benütze alle kleinen und großen kniffligen Situationen, um gemeinsam mit meinem kleinen Gesprächspartner nach dem Was, Wie, Warum zu fragen. Und wenn es der raffinierte Trick eines Zauberers ist. Sie werden staunen, was sich Kinder nicht alles überlegen.

Auf diese Art bekommen Kinder Übung, sich dann auch mit ihren eigentlichen Problemen herumzuschlagen.

Will ich zu meinem Kind ein besseres Verhältnis finden und mit ihm positivere Gespräche führen, gelingt mir dies am besten über Problemstellungen.

---

2. Schlußfolgerung

Ein Gespräch bleibt so lange vorwurfslos, als ich versuche, das Bedürfnis und das Problem meines Kindes zu verstehen.

Es bleibt solange vorwurfslos, solange ich keine Lösungen verteile, solange ich mein Bedürfnis und mein Problem verständlich mache.

3.
Das sinnvolle Gespräch

Wie aber sieht ein vorwurfsloses problemorientiertes Gespräch in der Praxis aus? Beginnen wir mit einem Negativ- und Positiv-Beispiel. Sie sind natürlich beide konstruiert und leicht überzeichnet. Es geht hier nur um das Prinzip.

Sohn kommt verärgert aus der Schule heim und schmeißt seine Tasche geräuschvoll in eine Ecke.

Willibald: Scheiß Schule!

Vater: Werde nicht so ausfällig. Bei uns redet man anständig.

Willibald: Anständig. Wenn ich das schon höre! Das ist das Letzte von Lehrer!

Vater: Das kannst du nicht beurteilen. Wenn du alle Aufgaben gemacht hättest, wäre der Lehrer ...

Willibald: Genau. Aufgaben, die kein Mensch versteht. Je länger der Lehrer erklärt, desto weniger verstehen wir die ganze Geschichte.

Vater: Laß den Lehrer in Ruhe! Du wirst nicht aufgepaßt haben.

Willibald: Ist mir egal. Die Schule ist einfach idiotisch!

Die beiden können mit Genuß und Hingebung noch lange in dieser Weise weiterkommunizieren. Finden werden sie sich nie! Versuchen wir es noch einmal:

Willibald: Scheiß Schule! *(Äußert seine Stimmung.)*

Vater: Schön sauer heute. *(Versucht die Stimmung von Willibald einzufangen.)*

Willibald: Unser Lehrer ist auch der letzte Mensch! *(Sein Werturteil.)*

Hier besteht die große Gefahr, der Wertung des andern zu widersprechen. Und eben so beginnt das Streitgespräch. Diesen Irrtum begeht der Vater nicht, sondern er bleibt ganz bei Willibald:

Vater: Es ärgert dich also schrecklich, wie der Lehrer mit euch umgeht. *(Vater versucht die aufgewühlten Gefühle nachzuempfinden.)*

Willibald: Genau! Der gibt einem Aufgaben, die kein Mensch versteht. Und wenn wir ihn dann noch fragen, gibt er schnippische Antworten.

Durch das ,Verstehen' öffnet sich W. langsam und bringt mehr Einzelheiten.

Vater: Du hättest gerne, daß der Unterricht interessanter wäre *(Bedürfnis von W.).* Einerseits wärest du ja gewillt, die Aufgaben zu machen. Andererseits hindert dich ja der Lehrer selber daran, weil ihr ihn einfach nicht versteht. *(Hier also die Problemstellung.)*

Willibald: Was soll ich nur machen?

Auch hier ist die Gefahr groß, dem Hern Sohn zu sagen, was zu tun, und was zu lassen ist. Jedoch der Vater bleibt standhaft:

Vater: Ich verstehe. Durch dein Verhalten willst du erzwingen, daß sich irgendetwas ändert. *(Er hat das Bedürfnis von W. erfaßt.)*

Willibald: Ja, genau, mir ist es total verleidet! So gehe ich nicht mehr in die Schule!

Nachdem sich der Sohn in seiner Not verstanden fühlt, kann der Vater ,umschalten', d.h. er beginnt jetzt seine Situation zu beschreiben:

Vater: Damit bringst du mich in eine heikle Situation: Einerseits bin ich immer bereit, Dir zu helfen, wo immer ich kann. Andererseits könnte ich einem Schulstreik nie zustimmen. *(Das Problem des Vaters.)*

Willibald: Was soll ich denn dann machen? *(Jetzt wendet sich W. mit einer Frage an seinen Vater.)*

Dies ist jetzt der Moment, um ein aufbauendes Gespräch mit seinem Sohn zu beginnen. Bis jetzt hat sich der Vater nichts vergeben. Er hat dem Sohn nicht recht gegeben, sondern nur Verständnis für seine Situation gezeigt. Vater hat sich in der ‚vorwurfslosen' Rede geübt.

Vater: Du möchtest anscheinend gerne, daß ich dir helfe. *(Bedürfnis des Sohnes.)*

Ich muß dir aber sagen, Ratschläge werde ich dir keine erteilen. Ich bin aber bereit, mit dir deine Situation genauer zu besprechen. Was könnte man machen, damit du dich in der Schule wohler fühlen könntest?

Mit dieser Frage leitet Vater das Gespräch in den Lösungsbereich über. Lieber sich die Zunge abbeißen, als den ersten Vorschlag machen.

Willibald: Könntest du nicht einmal mit unserem Lehrer sprechen? *(Sohn macht den ersten Vorschlag.)*

Von jetzt an werden beide sachlich über das leidige Problem reden können.

Ein Gespräch wie ein Federballspiel

Wie hat es der Vater fertiggebracht, im obigen Gespräch ‚vorwurfslos‘ zu bleiben? Durch den Wechsel von dir zu mir, und mir zu dir. In der Fachsprache: Umschalten zwischen AZ und I-Bo. Was ist das?

1. Aktives Zuhören

Wenn ich ‚aktiv zuhöre‘ (AZ), versuche ich, die Bedürfnisse und Probleme des andern zu erfassen, wenn möglich so prägnant, daß es sogar dem anderen klarer wird. Das Wesentliche am AZ ist: ganz beim andern sein, ganz bei seinen Gefühlen, ganz bei seiner Not. Gelingt dies, fühlt sich der andere verstanden. Dadurch wird er änderungsbereit. Richtiges AZ ist vorwurfslos und deshalb für den andern gut annehmbar.

Warum ist ‚aktives Zuhören‘ für den Anfänger so schwer? Alle Menschen interessieren sich für sich, nur ich interessiere mich für mich! So könnte man das Durchschnitts-gefühl eines Durchschnittsbürgers überschreiben. Tatsächlich braucht das Eingehen auf den andern mehr Energie, als die Beschäftigung mit sich selbst. Deshalb muß man die Hinwendung zu andern bewußt üben. Aktiv zuzuhören ist anstrengend. Man unternimmt ja den Versuch, hinter den unklaren, oft verschlüsselten Reden des andern den eigentlichen Beweggrund herauszuhören.

2. Ich-Botschaft

Mit der Ich-Botschaft (I-Bo) versuche ich, meine Bedürfnisse und meine Probleme dem anderen zu erklären. Nur so kann er mich ‚verstehen‘. Das Wesentliche an der I-Bo ist: ganz bei mir zu bleiben, ganz bei meinem Bedürfnis, bei meinem Problem, ohne leisen Seitenhieb, ohne den anderen zurechtzuweisen. Gelingt dies, wird der andere mich ernst nehmen und auf meine Argumente eingehen. Richtige I-Bo ist vorwurfslos und deshalb für den andern gut annehmbar.

Das Wort ‚Ich-Botschaft‘ hat wenig zu tun mit den Wörtchen ‚Ich‘ und ‚Gefühl‘. Wenn Mutter sagt: „Kurt, ich habe das Gefühl, du bist müde und solltest jetzt ins Bett gehen, so ist dieser Satz keine Ich-Botschaft, trotz der Wörtchen ‚Ich‘ und ‚Gefühl‘. Er ist ein versteckter Befehl, denn Mutter will etwas von Kurt. Er beinhaltet einen Vorwurf.

Und wenn Vater gar sagt: „Kurt, ich habe das Gefühl, ich muß dir gleich das Dreirad wegnehmen“, so ist das nur eine schlecht verdeckte Drohung an das Kind.

Mit ‚aktivem Zuhören‘ allein kann man natürlich kein Gespräch führen. Eine Mutter kam einmal mit dem Bericht in den Kurs, ihr Versuch vorwurfslosen Verhaltens sei kläglich gescheitert. Nachdem sie den ganzen Abend lang versucht hätte, einfühlend und aktiv zuzuhören, hätte der kleine Bursche gekontert: „Mami, du redest so komisch!“ Und ihr Mann hätte sich sogar zu der Frage veranlaßt gefühlt: „Wirst du langsam schwerhörig?“

Viele Gespräche werden deshalb schwerfällig und unnatürlich, weil im Übereifer oft versucht wird, zu lange und gründlich ‚aktiv zuzuhören‘. So kommt das Gespräch ins Stocken.

Ebenso falsch ist es, nur von sich zu reden. So fühlt sich das Gegenüber nicht verstanden. Wahre Weisheit liegt im sinnvollen Wechsel zwischen AZ und I-Bo.

Die Regel lautet: Die Änderungsbereitschaft bei meinem Kind steigt in dem Maß, in dem ich abwechslungsweise einmal ganz beim andern, (AZ), und dann wieder ganz bei mir bin (I-Bo).

Hie und da höre ich bei den Eltern den Einwand: Das ist doch alles viel zu umständlich und langwierig. Dazu fehlt mir doch die Zeit!

Darauf sind drei Dinge zu sagen:

1. Tatsächlich kann man nicht den ganzen Tag in dieser Art miteinander reden. Das meint auch niemand. Im sog. konfliktfreien Bereich ist alles erlaubt. Solange meine Befehle befolgt werden, ist alles in Ordnung. Wenn aber irgendwann irgendwie schwarze Sturmwolken aufziehen und die Spannung steigt, ist es eine große Hilfe, wenn man sich in der Hand hat und weiß, wie man sich richtig verhalten muß.

2. Solange Sie mit Ihrer Methode Erfolg haben, sage ich keinen Ton. Sie kann nicht mehr, wie funktionieren. Ich wende mich nur an jene, die mich ratlos fragen: „Warum muß ich meinen Kindern alles dreimal sagen? Ich bin das ewige Anpredigen satt! Denen kann man ja sagen, was man will, man kann ihnen drohen, die größten Vorträge halten. Es bleibt alles beim alten! So kann das nicht mehr weitergehen".

   Diesen Geplagten rufe ich zu: Es muß nicht immer im gleichen Trott weitergehen. Wenn noch irgendein Verhalten Erfolg haben wird, dann ist es unser Gesprächsmodell.

3. Natürlich, man muß diese neue Gesprächsform üben. Wenn man aber einmal eine gewisse Übung hat, braucht ein solches Gespräch weniger Zeit als jede andere Methode.

Machen wir wieder einen kleinen Vergleich zweier Gesprächsarten mit Vater, Kurt und Dreirad: Kurt fährt mit seinem Dreirad Achter-Schleifen und kippt um.

Vater: Kurt, ich habe das starke Gefühl, ich muß dir gleich das Dreirad wegnehmen. *(Wirkt leicht ironisch.)*

Kurt: Nein, ich will noch spielen. *(Drohung bewirkt Widerstand.)*

Vater: Dann spiel anständig. Wenn du auf die Nase fliegst, schreist du wie am Spieß, und ich kann dich verbinden *(Vorwurf)*.

Kurt: Ich spiele anständig! *(Widerstand)*

Vater: Du fällst ja immer um und machst das Fahrrad kaputt. Du mußt doch nicht wie ein Idiot im Kreis herum fahren!

Kurt: Ich spiele eben Niki Lauda!

Vater: (Sie können bestimmt im Geist das Gespräch weiterspinnen.)

Zweite Leseart:
Kurt fährt mit seinem Dreirad Achter-Schleifen und kippt um.

Mutter: „Ah, du bist umgefallen." *(Situation)*

Kurt: „Nein, ich habe rennfahren gespielt." *(Ich-Botschaft)*

Mutter: „Du möchtest ausprobieren, was man mit dem Dreirad alles machen kann." *(Aktives Zuhören)*

Kurt: „Ja." *(Er fühlt sich verstanden.)*

Mutter: „Ich habe Angst, Du könntest dir weh tun." *(Ich-Botschaft)*

Kurt: „Ich tue mir aber nicht weh!" *(Er fühlt sich bevormundet.)*

Mutter: „Ich habe aber trotzdem Angst." *(Ich-Botschaft)*

Kurt: „Du mußt mir ja nicht zuschauen, dann hast du

keine Angst und ich kann spielen, wie ich will" *(unbewußte Problemformulierung).*

Mutter: (Formuliert das Gesagte als Problem) „Ah, einerseits möchtest du nicht, daß Mama Angst hat, andererseits willst Du unbedingt so spielen, wie du willst."

Kurt: „Ja genau!"

(Bevor dieses überzeugte „Ja" aus tiefster Seele kommt, darf die Mutter nicht weitergehen.) Nun aber sagt sie:

Mutter: „Weißt du, einerseits gönne ich dir von Herzen, alles auszuprobieren, was man mit dem Dreirad machen kann. Ich habe aber sooo Angst (will sagen andererseits), du könntest dir weh tun." *(Je eindrücklicher die Mutter das sagt, desto nachdenklicher wird Kurt zuhören.)*

Kurt: (Pause. Nachdenken)

(Diese Pausen sind der richtige Moment, um dem Kind den wichtigsten Satz des ganzen Buches zu sagen:)

Mutter: „Was können wir machen, daß wir uns beide wohlfühlen? Daß ich keine Angst mehr haben brauch, und du spielen kannst, wie du willst?"

Wie das Gespräch weitergehen könnte, besprechen wir in Abschnitt 7. Der große Vorteil der Formel ‚einerseits-andererseits' besteht darin, daß man mit dem Positiven beginnen kann, mit dem Verständnis für den andern. Trotzdem ist es möglich, daß man bei allem guten Willen wenig Erfolg hat. Wenn man nicht von innen heraus die Grundhaltung hat, dem andern keine Vorwürfe zu machen, ist man bei AZ, wie auch bei einer I-Bo schnell versucht, vom anderen irgend etwas zu wollen, einen leisen Befehl zu erteilen, eine versteckte Rüge anzubringen. Folgende Gegenüberstellung will das deutlich machen:

Falsches AZ beinhaltet:	Richtiges AZ beinhaltet:
a) Versteckte Vorwürfe	a) Kein Werturteil
b) Versteckte Befehle	b) Gefühl, Stimmung des andern
c) Meine Vorstellung	c) Sein Bedürfnis, welches dahinter liegt
d) Wörtliche Wiederholung (Papageien)	d) Sinngemäße Zusammenfassung seiner Aussage

Auch bei Ich-Botschaften besteht die Gefahr, daß sie leicht vorwurfsvoll und dadurch wirkungslos werden:

Falsche Ich-Botschaft	Richtige Ich-Botschaft
Sie beinhaltet immer noch einen versteckten Vorwurf oder Befehl.	Sie beinhaltet keinen Angriff, keine Beschuldigung. Sie ist offen und echt.
Der Hauptsatz ist meistens gut. Aber im Nebensatz wird noch schnell eine Fußangel gelegt.	Sie beschäftigt sich nur mit mir und meinem Problem.

Sie könnten hier einwenden:
Nun weiß ich zwar, welches Problem Brigitte wirklich hat. Ich bin auch bereits fähig, ihr dies vorwurfslos zu sagen. Bestärke ich sie aber mit diesem ,einfühlenden' Verstehen nicht in ihrem Verhalten?
Keineswegs! Sie haben sich nichts vergeben. Sie haben Ihr Verhalten ja nicht als richtig beurteilt, sondern Sie haben lediglich Ihr Bedürfnis erfaßt.

Das Gegenteil ist der Fall. Gerade dieses ‚Verstehen' er-
höht die Änderungsbereitschaft von Brigitte.
Aber wann endlich soll das Zimmer aufgeräumt werden?

---

3. Schlußfolgerung

Ein Gespräch hat stärkere Wirkung und größere
Veränderungskraft, wenn ich mit meiner Aussage
entweder ganz beim andern, also ganz bei meinem
Kind (AZ) oder ganz bei mir bleibe (I-Bo).

4.

Mit Kanonen
auf Spatzen schießen

Ein kleines Städtchen weitab der großen Welt. Der Rechtsanwalt des Ortes hat einen 17jährigen Sohn. Dieser fällt seit einiger Zeit etwas aus dem üblichen Rahmen: Lange, gefärbte Haare, Blue Jeans, tätowierte Unterarme, Cowboy-Stiefel mit hohen Absätzen. Dies mißfällt dem Vater sehr. Die beiden kommen in folgendes Gespräch:

Vater: „Du siehst ja aus wie eine schlechte Mischung zwischen einem Seeräuber und einem Mädchen."

Sohn: „Was willst Du von mir? Ich bin alt genug, um mich kleiden zu können, wie ich will!"

Vater: „Wenn du Erfolg im Leben haben willst, mußt du dich nach den Gepflogenheiten des Landes richten. Wir sind doch keine Hottentotten, sondern Mitteleuropäer."

Sohn: „Was hast du gegen Hottentotten? Die sind auch Menschen! Du mit deinem Standesdünkel!"

Vater: „Wir haben uns unsere europäische Kultur geschaffen, und diese gilt es zu bewahren."

Sohn: „So tief werde ich nie sinken! Jeder umweltbewußte Mensch muß gegen eure Ausbeutermentalität protestieren."

Vater: „Werde nicht frech! Von dem verstehst du nichts. Zieh dich anständig an, das ist gescheiter."

In diesem Gespräch ist keiner der beiden Partner mit sich kongruent (mit sich übereinstimmend, deckungsgleich). Sie haben nämlich ihre Bedürfnisse mit Wertvorstellungen verteidigt.

Der Vater interessiert sich keineswegs für die spezielle Kostümierung seines Sohnes. Was ihm viel näher liegt, ist sein angeschlagenes Bedürfnis, bei seinen Kollegen des höheren Mittelstandes im Geruch einer gutbürgerlichen Familie zu stehen.

Anstelle dieses sein berechtigtes Bedürfnis seinem Sohn einfach und klar mitzuteilen, schießt er mit Kanonen auf Spatzen und bemüht die höchsten Wertvorstellungen mitteleuropäischer Kultur. So aber hat der Vater ganze Weltanschauungen mißbraucht, um den Sohn zum Wechseln seiner Kleider und seiner Frisur zu bewegen.

Ähnlich ergeht es dem angegriffenen Sohn. Voraussichtlich wird er sich sozusagen nur am Rande für den Kampf gegen eine Ausbeutergesellschaft einsetzen. Was ihm beträchtlich näher liegt, ist sein Bedürfnis, sich endlich von der übergroßen Beschützerhand seines Vaters zu befreien und das Gefühl zu haben, in seinem Club als zünftiger Kumpel geachtet zu sein.

Hätten beide ihre wahren Bedürfnisse genannt, wäre das Gespräch fruchtbar geworden, man hätte in gegenseitiger Achtung irgendwelche Lösungen gefunden. Bei unserem Beispiel wurden zwei Arten von Konflikten vermischt: Bedürfnis- und Wertkonflikt.

Das Wort ‚Bedürfniskonflikt‘ will sagen: Ich habe spürbare Nachteile (in unserem Fall Achtungsverlust des Vaters bei seinen Kollegen).

Das Wort ‚Wertkonflikt‘ will sagen: Ich habe keine spürbaren Nachteile (Hottentotten und Chinesen tragen eben andere Kleider als wir).

Verwunderlich ist nun, daß man bei so abstrakten Werten wie Demokratie, Religion und Moral ganz gehörig ins Streiten geraten kann. Woher mag das rühren? Warum will eigentlich der eine Mensch den anderen Menschen von gewissen Ansichten überzeugen, wie Modeströmung, Musik oder Kunst? Er kann ja aus dem Ergebnis weder Vor- noch Nachteile ziehen.

Die Antwort ist einfach: Hinter jeder Verteidigung eines ‚Wertes' verbirgt sich insgeheim ein persönliches Bedürfnis, welches man befürchtet, nicht mehr befriedigen zu können.

In einem Konfliktgespräch beginnt man normalerweise mit sehr verstandesmäßigen und logischen Argumenten und wundert sich, daß man zu keinem Resultat gelangt. Warum?

Parallel zum vordergründigen, vom Verstand geprägten Wertkonflikt, besteht ein tiefgründiger, verdeckter, vom Gefühl geprägter Bedürfniskonflikt.

Solange also der gefühlsmäßige Bedürfniskonflikt nicht geklärt ist, wird sich im verstandesmäßigen Wertbereich nichts bewegen.

Nun ist es für Eltern legitim und sinnvoll, ihren Kindern Wertvorstellungen zu vermitteln. Die Frage ist nur ‚wie'? Wie kann ich die Wertvorstellungen eines Mitmenschen oder meines Kindes beeinflussen, ohne es zu bevormunden? Die folgende Tafel will eine kurze übersichtliche Antwort sein.

Verschlüsselte Botschaften

Offenbar haben im obigen Gespräch Vater und Sohn ihre Bedürfnisse in Wertvorstellungen verschlüsselt.

Warum aber entwickelt der Mensch so viel Phantasie bei der Verschlüsselung seiner Anliegen?

Ein Mädchen sagt zu seinem Freund: „Heute ist aber ein wunderschöner lauer Sommerabend!" Der Jüngling entschlüsselt blitzschnell: „Ah, du möchtest mit mir den Abend verbringen." Was wäre die Liebe ohne verschlüsselte Botschaften!

Sie sagt zu ihm: „Mein Mann versteht mich nicht." Sagt er: „Das trifft sich gut, meine Frau versteht mich auch nicht."

Notieren Sie einige Gründe, die hinter folgenden verschlüsselten Aussagen stehen könnten:

Aussage	Gründe
1. Ist das Mittagessen schon fertig? 2. Heute hat uns der Lehrer wieder eine blöde Aufgabe gegeben. 3. Die Monika darf immer länger aufbleiben als ich.	

(Mögliche Antworten finden Sie auf Seite 121 ff.)

Welche Gründe gibt es für verschlüsselte Botschaften?
– Die Unfähigkeit, sich verständlich zu machen.
– Eigene Unklarheit oder Unsicherheit.
– Schutzreaktion.
– Angst vor Nachteilen.
– Langsames Vortasten, ob man auf Verständnis stößt.
Wie geht man mit verschlüsselten Botschaften um? Viele lösen es ganz einfach. Sie sagen: „Ich verstehe dich schon" oder „Ich verstehe dich wirklich" oder gar „Ich weiß, was du meinst!" Wer hat es nicht schon erlebt, wie ohnmächtig man sich bei solchen Floskeln fühlt!
Die Fähigkeit, Bedürfnis- und Wertkonflikt entschlüsseln zu können, hilft bei der Klärung von Problemen und Konflikten.
Warum ist in der Kindererziehung das geduldige Besprechen von Bedürfnis- und von Wertkonflikten so nötig?
Kleine und große Konflikte sind goldene Gelegenheiten, um mit seinem Kind in ein aufbauendes Gespräch zu kommen. Besonders Wertkonflikte eignen sich vor-

züglich, mit seinen Kindern über Sinn und Wert des Lebens nachzudenken.

Geht man in einer Familie solchen Schwierigkeiten und Gesprächen aus dem Weg, wird man je länger desto sicherer im Familienkreis nur noch über banale, ungefährliche Dinge sprechen. Die Kinder spüren das sofort und werden entsprechend farblos, indifferent. Ein böses Erwachen ist die unausbleibliche Folge, wenn die Kinder sich von den Eltern abwenden.

Im nachfolgenden, konstruierten Gespräch geht es um die Entschlüsselung zwischen Bedürfnis und Wertkonflikt:

Mutter: „Deine Kleider riechen nach Rauch. Ich vermute, du rauchst" *(Situation, Verhalten).*

Sohn: „Ich rauche nur, wenn man mir Zigaretten anbietet" *(er verteidigt sich).*

Anstelle zurückzuschlagen und seine Aussage in Frage zu stellen, macht die Mutter das einzig richtige:

Mutter: „Du bist also entschlossen, nie regelmäßig zu rauchen. Du willst nur rauchen, wenn es Dir Spaß macht" *(AZ).*

Sohn: Natürlich! (Fühlt sich verstanden.) Die andern rauchen ja auch. Das gibt einfach eine gute Stimmung" *(Bedürfnis, dazuzugehören).*

Mutter: „Du möchtest kein Außenseiter sein und das Leben genießen" *(bestätigt das Bedürfnis = AZ).*

Mutter: „Plötzlich rauchst du auch in der Wohnung. Und ich hasse Rauch. Wenn du dann draußen rauchen mußt, habe ich das Gefühl, ich würde dich aussperren" *(Bedürfnis der Mutter = I-Bo).*

Sohn: „Du tust so, als ob Rauchen etwas Schlechtes wäre, und verlangst, daß alle Leute genau so denken, wie Du. Viele berühmte Männer haben geraucht und sind alt geworden. In Südamerika kaut man Kolablätter und wir rauchen eben Zigaretten". *(Jetzt kommt er mit einer Wertvorstellung.)*

Man spürt heraus, daß der Sohn nach stärkeren Argumenten sucht, um durchzukommen.

Mutter: „Für mich ist Rauchen der Inbegriff von Umweltverschmutzung und zudem Belästigung der Mitmenschen." *(Wertvorstellung der Mutter.)*

Die Mutter hat das Umkippen in den Wertkonflikt bemerkt. Weil aber die Bedürfnisebene noch nicht geklärt ist, schaltet sie wieder um und sagt:

Mutter: „So oder so. Du hast das starke Bedürfnis, das Zusammensein mit deinen Kameraden zu genießen und dich nicht immer von deiner Mutter kontrolliert zu fühlen."

Sohn: „Genau, du traust mir einfach nicht zu, daß ich mich im Griff habe und weiß, wann es genug ist. Du hast kein Vertrauen zu mir!" *(Hier trifft's den eigentlichen Kern.)*

Hier besteht für die Mutter schon wieder die Gefahr, sich zu verteidigen. Aber gerade auf das wartet der Sohn. Statt dessen erklärt sie dem Sohn ihr Problem:

Mutter: „Weißt du, mein Problem ist eben: Einerseits freue ich mich, wenn du selbständig wirst. Ich will auch, daß du dein eigenes Leben leben kannst. Andererseits ist für mich Rauchen oder Nichtrauchen eine Wetanschauung (Wert). Wenn du jetzt rauchst, habe ich das Gefühl, ich verliere dich (Bedürfnis). Vertrauen hin oder her – mir tut es einfach weh" *(I-Bo).*

Je mehr die Mutter nur von ihren Bedürfnissen und Werten spricht, je weniger sich der Sohn angegriffen

und kontrolliert fühlt, desto größer ist die Wahrschein-
lichkeit, daß er sich die Sache im stillen gründlich über-
legt.

Die Mutter muß wissen, daß sie zwei grundverschiedene
Konflikte mit ihrem Sohn zu besprechen hat:
1. Bedürfniskonflikt: Der Sohn hat das Bedürfnis, sich
   von den Eltern abzunabeln und erwachsen zu werden. Die Zigarette ist das Symbol des Erwachsen-
   seins. Er hat auch das Bedürfnis, zu einer Gruppe zu
   gehören. Das Rauchen wirkt als Gruppengefühl.
   Die Mutter hat das Bedürfnis, ihren Sohn zu schüt-
   zen. Sie fühlt sich für ihn verantwortlich. Sie hat das
   Bedürfnis, daß der Sohn so gesund lebt, wie sie, z. B.:
   nichtrauchend.
2. Der Sohn hat die Wertvorstellung: Rauchen gehört
   zu unserer Kultur. Rauchen bedeutet Freiheit, tun
   und lassen zu können, was man will. Rauchen bedeutet: Das Leben genießen. Rauchen bedeutet: dazuzugehören. Nichtrauchen bedeutet für ihn: Verbot,
   lebensfremd, lebensverneinend, dem Leben abge-
   wandt, spießbürgerlich, sektenhaft.
   Mutter hat ganz andere Wertvorstellungen. Rauchen
   bedeutet für sie: Abhängigkeit von Nikotin, Abhängigkeit vom Rollendruck, Abhängigkeit von Gesell-
   schaftsnormen. Rauchen bedeutet für sie Umweltverschmutzung, Umweltbelästigung. Schnelles Leben
   auf Kosten von langem Leben.
   Nichtrauchen bedeutet für sie: den Körper achten,
   auf seine Mitmenschen Rücksicht nehmen. Den eigenen Kindern, auch den ungeborenen, Gesundheit geben. Mit der Natur in Einklang leben in allen Dingen.
   Das Nichtrauchen ist dafür Symbol.

Mit letzteren Wert-Argumenten hin und her zu diskutieren, wird erst interessant, wenn auf der Bedürfnisebene keine Spannungen mehr sind.

---

4. Schlußfolgerung

Hinter Wertkonflikten sind immer starke Bedürfnisse verborgen.
Auf das Thema bezogen, würde das heißen: Ich
werde den sachlichen Konflikt mit meinem Kind
erst dann lösen können, wenn unser unterschwelli-
ger Bedürfniskonflikt auf der Beziehungsebene
geklärt ist.

5.

Bedürfnisse fordern ihr Recht

Auf den folgenden Seiten, lieber Leser und liebe Leserin, beschäftigen wir uns nun einmal mit Ihnen ganz persönlich, denn auch Sie haben ein Recht auf Verständnis und persönlichen Freiraum.

Ich bitte Sie jetzt, mit mir zu träumen. Versetzen Sie sich in die Lage eines Hausbesitzers. Sie entschließen sich, einen Kontrollgang durch Ihr Haus zu machen, denn in einem eigenen Haus gibt es ja immer etwas zu reparieren.

Zunächst gehen Sie hinunter in die Heizung. Sie achten auf das Surren des Ölbrenners. Sie kontrollieren Temperatur und Wasserdruck. Nun gehen Sie rüber zu den Öltanks und kontrollieren, wie groß die Reserve noch ist, ob das Öl durch den Winter hindurch noch genügt. Sie haben auch eine große Tiefkühltruhe, und Sie überfliegen noch einmal die Vorräte von Obst und Eingemachtem, welche Sie selber im Sommer für die Tiefkühltruhe hergerichtet haben.

Diese Kontrolle dient Ihrem Bedürfnis nach körperlichem Überleben. Und nun hören Sie einmal ganz still in sich hinein: Wie stark spüren Sie Ihre körperliche Reserve? Schlägt Ihr Herz regelmäßig und stark? Haben Sie einen kräftigen Atem? Fühlen Sie noch die nötige Reserve für Ihre körperliche Arbeit? Oder haben Sie das Gefühl, Sie arbeiten am Rande Ihres körperlichen Vermögens? Sind Sie froh, wenn Sie einen Tag, eine Woche, einen Monat wieder heil überstanden haben? Unterbrechen Sie nun kurz das Lesen, und denken Sie eine Minute über sich nach, bis Sie über obige Fragen Klarheit erhalten haben.

Nun steigen Sie höher ins Parterre. Hier kontrollieren Sie, ob alle Fenster und Türen noch zu öffnen und zu schließen sind. Sie kontrollieren, ob die Schlösser an den Türen noch funktionieren. Sie öffnen den Elektrokasten und prüfen nach, ob Sie noch genügend Sicherungen in Reserve haben. Vielleicht kontrollieren Sie auch den Blitzableiter, denn es ist schon ein beruhigendes Gefühl zu wissen, daß ein Blitzeinschlag dem Haus nicht schaden kann. All diese Dinge dienen Ihrer Sicherheit. Sie haben ein starkes Bedürfnis, sich gegen Unbill der Witterung und Eventualitäten des Lebens abzusichern. Sie haben das Bedürfnis, sich in Ihrem eigenen Haus in Sicherheit zurückziehen zu können.

Diese Kontrolle dient Ihrem Bedürfnis nach Sicherheit. Und nun fühlen Sie wieder in sich hinein und horchen auf Ihre innere Stimme. Wie sicher fühlen Sie sich in Ihrer Familie, an Ihrem Arbeitsplatz? Wie sicher fühlen Sie sich in Ihrer ganzen Lebenssituation? Gibt Ihnen dieses Gefühl der Sicherheit die Kraft und den Mut, nach Neuem Ausschau zu halten, mutig Neues zu probieren, oder ziehen Sie sich auf das Nötigste zurück, in der leisen Angst, es könnte Ihnen etwas passieren, das nicht mehr gutzumachen sei? Jetzt unterbrechen Sie wieder für eine Minute das Lesen und denken über das Gelesene nach.

Nachdem Sie nun alle technischen Elemente Ihres Hauses geprüft haben, begeben Sie sich in das Wohnzimmer, in die gute Stube. Hier sehen Sie sich um, wie alles einge-

richtet ist. Sie lassen die Stimmung auf sich wirken und
stellen sich vor, wie sich ein eventueller Besucher hier
fühlen könnte. Sind genügend Sitzgelegenheiten vorhan-
den, die bequem genug sind, um sie dem Gast anzubie-
ten? Haben Sie im Schrank auch etwas zum Knabbern
und zum Trinken, das Sie dem Besuch anbieten könnten? Haben Sie irgendwo Spielsachen für eventuelle
Kinder der Gäste, und haben Sie Gesellschaftsspiele bereit, um sich mit dem Besuch zu amüsieren? Mit einem
Wort: Wie gastfreundlich oder wie gastfeindlich ist Ihr
Haus? Wäre es Ihnen jetzt im Moment peinlich, wenn
unangemeldete Gäste in Ihr Haus kämen, weil es nicht
eingerichtet oder auch nicht aufgeräumt ist, oder weil
Sie nichts zu Hause haben? Oder würden Sie sich
freuen, wenn unvermittelt ein Freund, eine Freundin,
ein Kollege auftauchen würde?
Diese Kontrolle dient Ihrem Bedürfnis nach Gemeinschaft. Und nun fühlen Sie wieder in sich hinein. Wie
gut ist Ihr Bedürfnis nach Geselligkeit, nach einer
Gruppe, nach angenehmen Mitmenschen abgedeckt?
Lieben Sie es, wenn Menschen auf Sie zukommen und
sich mit Ihnen unterhalten? Oder gehen Sie gerne auf
Distanz, auf Sicherheit? Öffnen Sie sich gerne und reden
Sie mit Ihren Partnern über dieses und jenes? Oder sind
Sie vorsichtig und checken zuerst ab, was Sie sagen wollen und was Sie nicht sagen wollen? Fühlen Sie sich ein-
sam, oder haben Sie eine Gruppe, in der Sie sich
geborgen fühlen und geliebt wissen?
Und nun öffnen Sie die Türe zu Ihrem Büro. Sie setzen
sich an Ihren Schreibtisch und überlegen sich nun, ob
alle Ihre finanziellen Angelegenheiten oder Ihre Ver-
träge in Ordnung sind. Wie gerne machen Sie Ihre mo-
natlichen Zahlungen? Wie gerne füllen Sie Ihre Steuer-

erklärung aus? Wie genau haben Sie sich die Verteilung Ihres Geldes überlegt? Sind Sie damit zufrieden? Oder schieben Sie diese Tätigkeit immer auf den letzten Moment hinaus, und erledigen Sie sie mit Unbehagen? Jetzt denken Sie an die vielen Entscheidungen, die Sie treffen müssen, wie z. B. Autokauf, Reparatur am Haus, eine neue Arbeitsstelle, eine neue Schule für die Kinder etc. Wie gerne oder wie mühsam übernehmen Sie diese Entscheidungen?

Diese Kontrolle dient Ihrem Bedürfnis nach Erfolg. Sie setzen sich jetzt für einige Momente in Ihr Büro oder Arbeitszimmer und überlegen sich folgendes: Haben Sie einige Menschen, mit denen Sie Ihre innersten Probleme besprechen können? Wie gerne oder ungerne besprechen Sie solches mit ihrem Ehepartner? Wie sehr fühlen Sie sich verstanden? Haben Sie einen intimen Freund, den Sie in kritischen Dingen um Rat fragen können? Haben Sie das Gefühl, daß Sie von ihren Familienangehörigen geschätzt werden? Haben Sie in ihrer Tätigkeit Erfolg, oder fühlen Sie sich nicht verstanden, ausgenützt oder nur als eine Melkkuh, die man braucht wegen des Geldes oder wegen der Hausarbeiten? Fühlen Sie sich frei, irgendeine Betätigung zu wählen und zu suchen, die Ihnen Spaß macht, wie Malen oder Stricken oder Musik-Machen etc.? Oder haben Sie immer Angst, es könnte von Ihren Mitgenossen nicht verstanden werden? Unterbrechen Sie hier wieder das Lesen, hören Sie in sich hinein und denken Sie eine Minute über das Gelesene nach.

Jetzt treten Sie aus Ihrem Haus heraus in den Garten und suchen einen Abstand, in dem Sie Ihr Haus überblicken können. Wie gefällt Ihnen Ihr Haus? Die Größe, die Proportionen, die Farbe? Aber Sie denken jetzt auch an die Inneneinrichtungen. Sind sie von der Art, in der Sie sich wohlfühlen können, oder hat das ganze Haus einen Stil, der Ihnen nicht entspricht, der für Sie ungemütlich ist? Wenn Sie könnten, wie Sie wollten, wie würden Sie Ihr Haus bauen?

Diese Kontrolle dient Ihrem Bedürfnis nach Selbstverwirklichung. Wie wohl fühlen Sie sich in Ihrer Haut? Wieweit können Sie das Leben führen, welches Ihnen in Tagträumen hie und da vor Augen kommt? Oder hadern Sie mit Ihrem Schicksal? Fühlen Sie sich vom Leben betrogen?

Noch einmal bitte ich Sie, einen Moment innezuhalten und über Ihr eigentliches Lebensziel nachzudenken.

Lieber Leser, während unseres Träumens haben wir fünf menschliche Urbedürfnisse durchschritten: 1. Überleben, 2. Sicherheit, 3. Gemeinschaft, 4. Erfolg, 5. Selbstverwirklichung.

Sie sind auf der beigefügten Tafel noch etwas detaillierter dargestellt. Der Psychologe Maslow ist zu dem Schluß gekommen, daß der Mensch nur dann in der Lage sei, sich seinen Mitmenschen wohlwollend zu nähern, wenn diese 5 Urbedürfnisse wenigstens im Ansatz befriedigt sind.

Brigitte und ihre Bedürfnisse

Aus dem bisher Besprochenen geht also hervor: Je ausgeglichener die Bedürfnisse bei den Familien-Angehörigen abgedeckt sind, desto harmonischer wird das Familienleben.

Immer dort, wo es in der Familie zu Spannungen kommt, kann man vermuten, daß irgendwelche Grundbedürfnisse nicht zu ihrem Recht kommen.

Die fünf Grundbedürfnisse des Menschen

(nach Maslow)

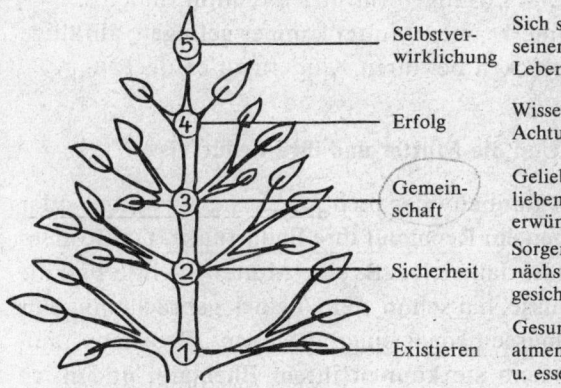

⑤ — Selbstverwirklichung	Sich selbst sein, seinen eigenen Lebensstil finden.
④ — Erfolg	Wissensbedürfnis Achtung genießen.
③ — Gemeinschaft	Geliebt werden, lieben dürfen, erwünscht sein.
② — Sicherheit	Sorgen um den nächsten Tag, gesicherte Existenz.
① — Existieren	Gesundheit, Stärke, atmen, trinken u. essen können.

Das Streben nach oben

Im Kampf um das unordentliche Zimmer von Brigitte denkt man natürlich immer an irgendwelche Eingriffe, Vorschläge, Sanktionen und Argumente. Meistens ist alles wirkungslos.

Vielleicht besteht nämlich in der Bedürfnisskala von Brigitte ein Bruch, z. B.:

– im Bereiche der Sicherheit. Fühlt sich Brigitte als Außenseiter in der Familie? Hat sie Angst, ganz fallengelassen zu werden?

– im Bereiche der Gemeinschaft. Fühlt sich Brigitte nicht als gleichwertiges Mitglied, sondern immer noch als kleines, unselbständiges Mädchen?

– im Bereiche des Erfolges. Erlebt Brigitte ihre Erziehung als eine Kette von Vorwürfen? Ist das unordentliche Zimmer vielleicht eine verschlüsselte Botschaft: Ich habe es aufgegeben, mir ist alles gleich!

Eines ist sicher, mit irgendwas hat Brigitte ein Problem. Je eher Sich Mutter und Tochter über dieses Problem ohne Druck aussprechen können, desto leichter werden sie sinnvolle Lösungen für ihre Situation finden.

Einer aufmerksamen Mutter kann es gelingen, allfällige Bedürfnislücken bei ihren Kindern zu entdecken.

Und die Mutter und ihre Bedürfnisse?

Ob Sie es glauben oder nicht, auch Sie als Mutter oder Vater haben ein Recht auf ihre Bedürfnisse. Das Rollenverständnis, daß sich z. B. eine Mutter für ihre Familie opfern müsse, hat schon viel Unglück gebracht. Sie dürfen und müssen sogar einen gewissen „Egoismus" aufbringen, denn sie können ihrem Ehemann und ihren anderen Familienangehörigen sagen: Je zufriedener ich mit meinen Grundbedürfnissen bin, eine desto bessere Mutter und Ehefrau kann ich sein. Ich möchte hier allen Müttern und Hausfrauen Mut machen, ihr Selbstbewußtsein zu stärken und das Recht auf ihre Bedürfnisse anzumelden.

---

5. Schlußfolgerung

Wenn mein Kind gegen mich gereizt, aggressiv oder ablehnend ist, sind seine Hauptbedürfnisse nicht abgedeckt.

Wenn ich gereizt, aggressiv oder ungeduldig bin, sind meine Hauptbedürfnisse nicht abgedeckt.

Je besser die Familienangehörigen auf ihre gegenseitigen Bedürfnisse achten, desto angenehmer wird das Familienleben werden.

6.

Macht – oder Ohnmacht

Vor langer Zeit hatte ich ein Erlebnis, welches mir immer noch frisch vor Augen steht:
Ich war das erste Mal bei einem älteren Herrn zu Besuch. Er hatte einen Wellensittich, der frei umherfliegen konnte. Nach dem Abendessen griff mein Gastgeber zu einer Wolldecke und sagte gelassen: „Ich muß noch den Vogel in den Käfig tun." Und sogleich begann die wilde Jagd. Kaum hatte der Sittich die Wolldecke erspäht, beginnt er auch schon aufgeregt herumzufliegen, verfolgt von dem deckewerfenden Mann. Als das Tier endlich unter der Decke gefangen war, wurde es mit festem Griff unter lautem Gekreische in den Vogelbauer gesteckt.
In meiner Entrüstung erklärte ich dem Mann, mein Wellensittich würde abends sogar gerne in seine Behausung gehen, ohne Schwierigkeit springe er von meinem Finger auf seinen Käfig und dann in seinen Vogelbauer hinein. Meine ganzen tierpsychologischen Beweisführungen und meine persönlichen Erfahrungen machten ihm keinen Eindruck. Er blieb bei seiner Theorie: kein Wellensittich würde je von selbst in einen Vogelbauer hineinspringen.
Kunststück! Die Verhaltensweise dieses Mannes verwehrt es ihm, so etwas für möglich zu halten.
Lieber Leser, ich vermute, daß wir uns jetzt gemeinsam über die Uneinsichtigkeit des Mannes wundern. Die Si-

tuation ist ja klar: Bei vogelgerechtem Verhalten kann man sehr wohl einen Wellensittich ohne Gewaltanwendung dazu bringen, sozusagen freiwillig in seinen Vogelbauer zu klettern. Es ist klar, der Mann versperrt sich dieses Erlebnis selbst.

Nicht mehr so eindeutig werden Sie mir folgen, wenn ich diese wahre Begebenheit folgendermaßen abwandle: Ich bin bei Ihnen zu Besuch. Als die Zeit vorgerückt ist, sagen Sie zu Ihrem Sohn. „Felix, du weißt, jetzt ist es Zeit fürs Bett." Ein langgezogenes ‚Jaaaaa' ist die Antwort. Dieses Spiel wiederholt sich in der nächsten halben Stunde dreimal, bis Ihnen die Geduld platzt: „Muß man dir denn alles dreimal sagen?" Und schon werden die Klingen gekreuzt mit Argumenten und Gegenargumenten, mit Versprechungen und Drohungen. Als Felix endlich im Bett liegt, sind Sie erschöpft.

Nehmen wir an, ich würde behaupten, meine Tochter ginge immer gern ins Bett. Wir hätten da so unsere Zeremonie. Wir beide würden uns täglich darauf freuen. Das leidige ‚Zu-Bett-gehen-Problem' hätte es bei uns nie gegeben. Welche Antwort, lieber Leser, käme Ihnen jetzt auf die Lippen? „Lieber Herr Pacher, bleiben Sie doch ehrlich, ohne irgendeinen sanften Druck oder weniger sanfte Befehle wird das auch bei Ihnen wohl nicht gehen! (Ob Sie es glauben oder nicht – es ging!)

Im großen und ganzen sind die meisten Eltern sich einig, daß Machtanwendung nur eine Form von Ohnmacht darstellt. Niemand ist glücklich, wenn er Macht angewendet hat. Jeder wäre froh, es ginge ohne. Man versteht sich oft selbst nicht, warum man so schnell zur Macht greift. Voraussichtlich, weil man sich auf diese Art schnelle Lösungen erhofft. Aber man täusche sich nicht: Macht wird immer zu einem gefährlichen Bumerang.

Erdrückung oder Erziehung – das ist hier die Frage

Eigentlich ist es ja paradox. Eltern wollen ihre Kinder zum verantwortungsbewußten Gebrauch ihrer Freiheit anleiten und finden dazu kein besseres Erziehungsmittel als Macht, also Unterdrückung von Freiheit. In einem meiner Kurse hatte ich einmal einen Vater, der in vollem Ernst und echter Überzeugung mir folgendes berichtete. „Ich höre, wie sich meine beiden Jungs (10- und 12jährig) mit Gebrüll schlagen. Da bin ich rübergerannt und habe beiden den Hosenboden so richtig versohlt, damit sie am eigenen Leibe spüren, daß man mit Macht keine Probleme löst."

Auf die Spitze getrieben, lautet die Frage so: „Wie kann ich ohne Machtanwendung mein Kind dahinbringen, daß es aus Freiheit das tut, was ich gerne möchte?" Oder: „Ich will mein Kind zur Freiheit erziehen, vorausgesetzt, es wird mit der Freiheit sinnvoll umgehen."

Macht und Freiheit sind wohl die schwierigsten Gegensätze, mit denen sich der Mensch auseinanderzusetzen hat. Einerseits möchten die Eltern ihre Kinder zur Freiheit erziehen. Sie sollten in freier Verantwortung ihr eigenes Leben meistern können. Andererseits sind Kinder oft nicht in der Lage, die Tragweite ihres Handelns abzuschätzen. Hier müssen die Eltern korrigierend und richtungsweisend eingreifen.

Wo aber liegt die Grenze zwischen verantwortungsbewußter Führung und Mißbrauch elterlicher Macht? Wie stelle ich mich zu Strafe, zu Verboten, zu Entzug von Freiheit, Taschengeld etc.? Und wenn schon keine Macht, was denn dann?

Lieber Leser, legen Sie jetzt bitte dieses Buch für zehn Minuten auf die Seite, und versetzen Sie sich in Ihre Jugend oder in Ihre Kindheit. Suchen Sie nach einer Situation, in der Sie Macht negativ an sich persönlich erlebt haben – wie war Ihnen damals zumute? Welches Gefühl hatten Sie? Spüren Sie es heute noch körperlich, geht es Ihnen heiß oder kalt den Rücken rauf oder runter, spüren Sie es in der Magengegend?

Wie stehen Sie heute zu dieser Person? Haben Sie ihr vergeben, verstandesmäßig und gefühlsmäßig?

Es zeigt sich immer wieder: Verstandesmäßig trägt man dieser Person meistens nichts mehr nach. Gefühlsmäßig aber können banale Dinge, wie eine Ohrfeige, eine abfällige Bemerkung vor der Schulklasse, eine unrichtige Beschuldigung heute noch das Gefühl in Wallung bringen. Der übermächtige Verursacher von damals hat aber mit Sicherheit dieses Ereignis schon lange vergessen.

Bedenken Sie, liebe Mutter, lieber Vater, daß auch Sie schnell hingeschmissene Anschuldigungen und Drohungen auch schnell wieder vergessen. Für ihr Kind kann aber plötzlich ein solch kleines Ereignis zu lebenslanger Verbitterung, Enttäuschung und Entmutigung führen. Unüberlegte Machtanwendung führt immer zu einer gefühlsmäßigen Absetzung des Kindes. Sie verlieren langsam aber sicher die Zuneigung ihres Kindes und wissen nicht, warum.

Solange Diktatoren das Instrumentarium der Macht fehlerlos gebrauchen, ist eine Durchbrechung der Macht nicht möglich. Weil aber die Eltern Macht nicht als Wissenschaft betreiben, sondern als letzte Notlösung unkontrolliert anwenden, wird sie von den Kindern immer wieder durchbrochen. Das Wechselspiel von Macht und Hilflosigkeit aber ist es, was viele Eltern verzweifeln läßt.

Macht erzeugt Gegenmacht. Beide Parteien befinden sich in einem Kampf. Je länger dieser Mechanismus eingefahren ist, desto schwerer kommt man davon weg. Auch das Kind muß erst lernen, ohne Macht auskommen zu können.

Das neugeborene Kind ist auf Gedeih und Verderben seiner Mutter ausgeliefert. Jede Bewegung, das Waschen, Umdrehen wird von seiner Mutter bestimmt. Seine erste selbständige Handlung ist das Schreien. Es erlebt also die Mutter zuerst als Machtfaktor.

Die Gefahr ist groß, daß das Kind seine Eltern auch weiterhin nur als Befehlszentrale erlebt. Unbewußt entsteht bei den Eltern die Vorstellung, sie müßten dieses hilflose Geschöpf zu einem brauchbaren Menschen ‚formen‘.

Das Gegenteil stimmt. Man muß nur darauf achten, die Entwicklungsfähigkeit des Kindes zu ‚erhalten‘.

Ebenso unbewußt entsteht die Grundhaltung: „Ich weiß, was für dieses unerfahrene, kleine Kind richtig ist."

Das Gegenteil stimmt. Das Kind, auch das Kleinkind, handelt von seinem Standpunkt aus immer logisch und richtig. Umsichtige Eltern werden darauf achten, seine Eroberung der Welt ohne viel zerschlagenes Geschirr für die Umgebung geschehen zu lassen, mit Gewicht auf das ‚Passivum‘: Geschehen lassen.

Unbewußt entwickeln viele Eltern die Vorstellung, sie müßten den Lebensweg ihrer Kinder bis zur Mündigkeit mitbestimmen und ihre eigene Wertvorstellung, z. B. im Falle Brigitte von ‚Ordnung‘ vermitteln.

Es könnte ja sein, daß ein Künstler das Zimmer unserer Brigitte betritt und begeistert ausruft: eine herrliche, kreative Unordnung! Es reizt mich gerade, an den halbfertigen Puppen weiter zu machen, die da herumhängen.

Ich möchte in den Körben wühlen mit den vielen Stoff-
resten, Lederteilen und Stricksachen. Und die Farben
mit ausgetrockneten, verstreuten Pinseln, sieht richtig
malerisch aus!

Natürlich können Sie Brigitte mit Macht zwingen, Ordnung zu haben. Wenn Sie staubsaugen, werfen Sie Farben und Stoffe und Puppen in eine Bierkiste und
verstauen sie im Keller. Sie können ihr das Taschengeld
verweigern, Sie können die Tochter in ein Internat stek-
ken. Nur eines können Sie nicht: Sie werden auf diese
Art nie die Zuneigung ihrer Tochter gewinnen. Sie werden mit aller Macht der Welt Ihre Tochter nicht freiwillig zur Ordnung bekehren können.

Haben Sie Geduld: Das Leben ist viel gütiger, als man
gemeinhin spürt. Das Leben macht vieles wieder gut,
was wir nicht können: Das Leben ist größer als wir Menschen. Das Leben macht keine Fehler. Bei Ihrer Brigitte
ist noch manches möglich.

Haben Sie Vertrauen ins Leben. Haben Sie Vertrauen in
die Entwicklung Ihres Kindes!

Lesen Sie weiter: Das Zimmer von Brigitte wird erstaun-
lich ordentlich werden.

Wie Sie Kraft bekommen, auf Macht zu verzichten

Wenn Sie wirklich nun entschlossen sind, auf Macht
nach Möglichkeit zu verzichten, dann schreiben Sie sich
folgende Punkte auf ein großes Stück Papier und hän-
gen es an einem Ort in Ihrer Wohnung auf, an den Sie
jeden Tag schauen.

Machen Sie sich folgende Überlegungen zu eigen:
Wahre Erziehung heißt:

1. „Ich werde bemüht sein, mein Kind lebensfähig zu ‚erhalten‘, seine Kreativität zu ‚erhalten‘ und sein angeborenes Vertrauen zu seinen Eltern zu ‚erhalten‘.“ (Mit Gewicht auf ‚erhalten‘.)
2. Jedes Kind handelt von seinem Standpunkt aus ‚logisch‘. Wenn mein Kind mit mir über seine Logik und sein Problem reden kann, wird es auch ohne Machtanwendung ‚richtig‘ handeln.
3. Ich werde achtungsvoll darauf achten, daß der Weg des Lebens nicht gestört wird.

Deshalb entschließe ich mich, nur dann Macht anzuwenden,

- wenn die möglichen Folgen sehr schwerwiegend und nicht wiedergutzumachen sind.
- wenn ich in einer Notlage bin und ich mir nicht mehr anders zu helfen weiß.
- wenn ich meinem Kind erkläre, daß ich jetzt sehr ungern Macht anwende.

Für die Eltern ist es doch ein einmaliges Erlebnis, wenn das Kind zu laufen beginnt. Da hält sich das kleine Wesen an einem Stuhl und schielt zu Mutti, die in einiger Entfernung in die Hocke geht. Und jetzt steht das Kind vor dem großen Entschluß: soll ich es wagen, ohne umzufallen bis zu Mutti hinüberzulaufen? Und welch strahlendes Gefühl, wenn sich beide in den Armen haben. Hier beginnt Er-ziehung. Das Kind fühlt sich zur Mutter hingezogen. Dieses Bedürfnis bleibt bis zum sog. ‚Vertrauensbruch‘, bis zu dem Moment, in dem sich das Kind das erste Mal betrogen fühlt.

Liebe Eltern, wenn wir der natürlichen Entwicklung des Lebens nicht im Wege stehen, wird diese herzliche Zuwendung der Kinder bleiben, bis sie erwachsen sind. So könnte Erdrück ..., nein, Er-ziehung Spaß machen.

Erdrückung

Erziehung

6. Schlußfolgerung

Es wird mir erst möglich, auf Macht zu verzichten, wenn ich die Logik meines Kindes erfaßt habe und wenn mein Kind die Bereitschaft gefunden hat, aus Freiheit offen und ohne Angst über seine Bedürfnisse und Probleme mit mir zu reden. Liebe kann man nicht erzwingen.

7.

Die Problemlösungsmaschine

Kinder haben fürwahr eine ‚Fragende Grundhaltung'. Kinder können bis zur Erschöpfung fragen:
Mama, warum ist der Mond nicht immer rund?...
Mama, wie reden die Fische unter Wasser?... Warum muß denn unsere Katze nicht schlafen gehen wie ich?...
Mama, wo komme ich denn her?... Mama, wo kommst du denn her?... Mama, wo kommt denn Großmama her?... Mama, wo kommen denn Adam und Eva her?... Mama, wo kommt denn der Liebe Gott her?...
Mama,... Oh, Kind muß die Fragerei sein!
Achten Sie einmal darauf, wie automatisch Sie einfach antworten. Das Kind hat ein Spiel entdeckt. Sie sind ein Beantwortungsautomat. Oben die Frage rein, unten die Antwort raus.
Für viele Kinder sind Eltern dazu noch Lösungsmaschinen: Mam, ich kann die Schuhe nicht binden,... ich bring den Ärmel nicht aus der Jacke raus,... die Hausaufgaben sind zu schwer,... mich kratzt es am Rükken,... Die Schublade geht nicht mehr in den Kasten hinein....
Was macht Mutter? Ohne nachzudenken, völlig automatisch, wird das Problem beseitigt. Kinder stellen sich die sehr sinnvolle Frage, warum hat der liebe Gott es so eingerichtet, daß jedes Kind Eltern hat? Klar, um seine Probleme zu lösen! Die Praxis beweist die Richtigkeit dieser

kindlichen Theorie. Wenn Sie drei oder vier Kinder haben, kann Ihr Lösungsautomatismus eine ganz hektische Angelegenheit werden. Was ist hier zu tun oder nicht zu tun?

Für den Antwortenautomaten ein kleiner Hinweis: Drehen Sie das Spiel hie und da um und stellen Sie Fragen. Die Reaktion ist meistens verblüffend. Auch Kinder fallen auf den Trick rein. Nach einer verdutzten Pause antworten sie ganz brav, und es ist immer amüsant zu verfolgen, auf welche originellen Lösungsideen Kinder kommen können.

Die Frage, der wir hier nachgehen, lautet: „Wie muß ich mich verhalten, daß nicht nur ich in der Familie für Lösungen zuständig bin? Was muß ich tun oder nicht tun, daß die anderen Familienmitglieder ebenfalls an gangbaren und befriedigenden Lösungen interessiert sind? Hier ein Beispiel:

Nehmen wir an, die Familie Milon bespricht ihre Ferien. Die Familienmitglieder zählen ihre Bedürfnisse auf:

Vater möchte in den Dolomiten wandern. Die Tochter möchte in Rimini baden, der Sohn möchte gerne in Norwegen zelten und Mutter besteht darauf, in einem Hotel Ferien zu verbringen. Die Diskussion um eine optimale Lösung verläuft unbefriedigend. Sämtliche Lösungsvorschläge von Mutter werden abgelehnt. Wie soll es denn überhaupt eine Lösung geben, wenn jeder andere Bedürfnisse hat? Da nützt doch das schönste Brainstorming nichts! (Brainstorming heißt Gedankensturm.)

Bei genauem Hinsehen entpuppen sich aber diese vermeintlichen Bedürfnisse als Lösungen. Die Dolomitenwanderung des Vaters ist die Lösung für sein Bewegungsbedürfnis. Die Badeferien der Tochter in Rimini entspringen dem Bedürfnis nach Tanz, Bekanntschaften und faul sein. Die Idee des Zeltens in Norwegen entspricht dem Bedürfnis nach Abenteuer, wogegen die Beharrlichkeit der Mutter auf Hotelferien ihrem Bedürfnis nach Ruhe und totaler Abstinenz von Haushaltsarbeiten entspringt.

Will ich bei einem Problemlösungsversuch innerhalb akzeptabler Frist zu brauchbaren Lösungen kommen, muß ich die Lösungsvorschläge der Beteiligten zuerst in ihre echten Bedürfnisse zurückverwandeln.

Welche Vorteile hat diese Unterscheidung? Bei Lösungen sind die Variationsmöglichkeiten eingeschränkt: Dolomiten, Rimini, Norwegen etc.

Wenn ich aber die Lösungsvorschläge in die wahren Bedürfnisse zurückverwandle, erkenne ich: Vater hat deshalb einen großen Bewegungsdrang, weil er eine sitzende Arbeit hat. Hier öffnen sich mehr Möglichkeiten der Lösungen. Man kann ja nicht nur in den Dolomiten wandern und nicht nur in Rimini tanzen und Bekanntschaften machen. Abenteuer gibt es nicht nur in Norwegen, und das Bedürfnis der Mutter nach Ferien von der Hausarbeit ist nicht nur im Hotel zu stillen. Die genaue Abklärung der Bedürfnisse aller Beteiligten ist unerläßliche Bedingung für eine erfolgreiche Lösungsfindung.

Das Sechs-Punkte-Lösungs-Verfahren

Eine gute Hilfe ist das klassische Sechs-Punkte-Lösungs-Verfahren. Es hat sich in Wirtschaft und Industrie bestens bewährt. Es eignet sich auch sehr gut für den Familienkreis (siehe Zeichnung). Allerdings muß man die Reihenfolge der sechs Schritte getreu einhalten.

Nehmen wir an, die Familie Milon würde sich also des bekannten Sechs-Punkte-Lösungs-Verfahrens bedienen. So könnten wir sagen: den Anfang haben sie schon ganz gut gemeistert. Sie haben bereits die Lösungsvorschläge (2) der Beteiligten in Bedürfnisse (1) zurückverwandelt. Sie haben alles schön auf ein Papier notiert. Bitte, beachten Sie nebenstehende Tafel.

Die sechs Punkte lauten:

1. Bedürfnis und Problemstellung schriftlich notieren.
2. Lösungsvorschläge ‚wertfrei‘ sammeln (Brainstorming).
3. Bewertung und Zielsetzung der Lösungen.
4. Lösung wählen.
5. Planen.
6. Resultat prüfen (Evaluation).

Familie Milon also hat vorschnelle Lösungen in Bedürfnisse zurückverwandelt:

Dolomiten in	– Bewegungsbedürfnis des Vaters
Rimini in	– Bedürfnis nach Tanz und Bekanntschaften
Norwegen in	– Bedürfnis nach Abenteuer
Hotel in	– Ruhebedürfnis

Nun schreitet Familie Milon zu Punkt 2, zum Brainstorming, Gedankensturm, wie das auf Deutsch heißt.

Es hat aber den Nachteil, daß es nur in Gegenwart von Humor erfolgreich sein kann. Denn es beruht auf der Tatsache, daß die Phantasie für neue, originelle Ideen nur beflügelt wird, wenn man die ausgefallensten und dümmsten Sachen einbringen darf, ohne bewertet, ohne verurteilt zu werden. So beginnen die Milons unbeschwert und Papa schreibt:

– Kreuzfahrt im Mittelmeer,
– Bergsteigen am Mont Everest,

Sechs-Punkte-Lösungs-Verfahren

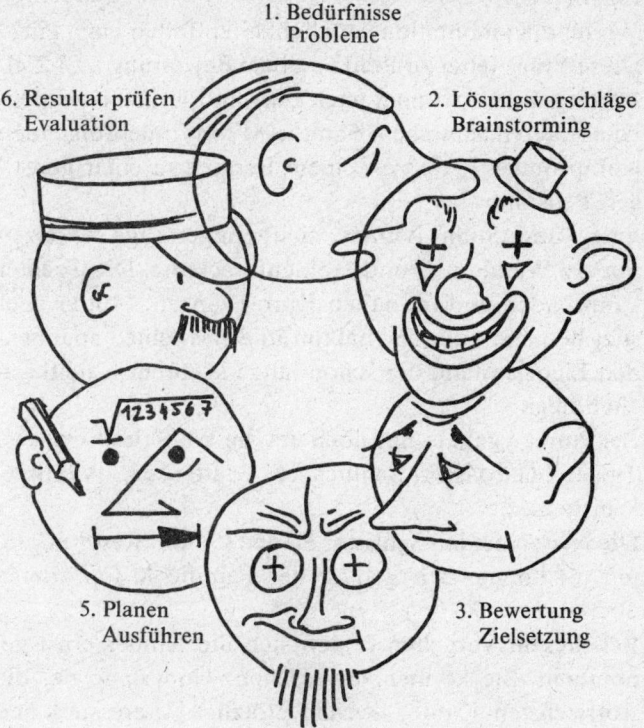

1. Bedürfnisse
   Probleme

6. Resultat prüfen
   Evaluation

2. Lösungsvorschläge
   Brainstorming

5. Planen
   Ausführen

3. Bewertung
   Zielsetzung

4. Lösung wählen

- Vater kauft sich eine Taucherausrüstung und lernt in Rimini tauchen,
- man zeltet im Park eines Hotels und läßt sich von diesem das Essen ins Zelt servieren,
- Vater und Sohn machen eine Höhlenexpedition,
- Man kauft sich ein großes Wohnboot und macht eine Kanalwanderung in Norddeutschland und Holland. usw. usw. usw.

Irgendwann zieht Vater einen Strich und stellt die Frage:
„Welche Kombinationsmöglichkeiten fallen euch ein?"
Diese Frage leitet zu Punkt 3 über: Bewertung und Zielsetzung. Jetzt darf man nach Lust und Laune bewerten, kombinieren, streichen. Familie Milon findet folgenden Kompromiß: Ferien an einem Bergsee in einer günstigen Pension.
Vater und Sohn können sich einige Tage absetzen zwecks Wanderung und Höhlenforschung. Die Tochter kann baden und im nahen Kurort tanzen. Mutter aber sitzt bequem auf dem Balkon und liest einen spannenden Liebesroman, der schon lange in ihrem Nachtkästchen liegt.
Bei Punkt 4 geht es nur noch um die Wahl des Bergsees: Titisee, Gardasee, Schluchsee, Plattensee, Wannsee, Wörthersee.
Die letzten beiden Schritte: Planen (5) und Resultat prüfen (6) können wir getrost der Familie Milon alleine überlassen.
Bei diesem Vorgehen fühlen sich die Kinder ernst genommen. Sie können mitmischen. Und siehe da, die störrischsten Kinder werden plötzlich interessiert und kompromißbereit. Die versöhnende Wirkung ist vielleicht der wichtigste Nebeneffekt dieses Sechs-Punkte-Konfliktlösungs-Verfahrens. Thomas Gordon nennt dies ,Familienkonferenz'.

Wenn die Methode zu wirksam wird

Wenn Eltern nach gewissen Anfangsschwierigkeiten dann die Wirksamkeit dieser neuen Grundhaltung erleben, kommt oft der Einwand: das grenzt ja an ‚Manipulation'. Das ist einfach Machtanwendung, ganz raffiniert verpackt!

Es ist keine Manipulation, wie ich weiter unten belegen werde. Sondern diese Eltern befinden sich in einem Widerstreit ihrer Gefühle. Sie sehen meistens das Problem des Kindes so: Einerseits müsse ein Kind einfach gewisse Dinge lernen, auch wenn es unangenehm ist. Man müsse es ihm halt sagen. Andererseits schränke die ungeheure Wirksamkeit dieser neuen Grundhaltung die Freiheit des Kindes sehr stark ein, so meinen sie.

Das arme Kind könne ja gar nicht anders bei so viel raffinierter Psychologie! Deshalb griffen sie lieber zu einer weniger wirksamen Methode!

Dem steht aber das eigene Problem jener Person gegenüber, das da heißt: Einerseits bin ich das ewige Ermahnen und mühselige Nachhelfen leid. Und ewig den anderen Familienangehörigen den Laufburschen zu spielen, paßt mir ganz und gar nicht. Andererseits habe ich im Innersten meiner Seele Angst, ich könnte meine Existenzberechtigung in der Familie verlieren. Es ist doch so schön zu spüren, wie nötig man ist. Was soll ich den ganzen Tag tun, wenn mich niemand mehr braucht? Die eigentliche Frage aber lautet: „Wünsche ich wirklich eine grundsätzliche Veränderung der Situation, und gehe ich das Risiko ein, auch bei mir etwas zu verändern oder ist es doch weniger anstrengend, zwischen beiden Bedürfnissen hin und her zu pendeln?" a) Das Bedürfnis, nötig zu sein und eine Aufgabe zu haben und b) das

Bedürfnis, endlich Ruhe zu haben und sich nicht mehr ärgern zu müssen.

Bin ich entschlossen, irgendwie zu handeln, so daß sich etwas ändern muß (also zu manipulieren), oder begnüge ich mich mit Reden, Schimpfen und Jammern (damit die andern mich manipulieren)?

Was ist Manipulation? Wir manipulieren immer, ob wir nun manipulieren oder nicht manipulieren. Allein unsere Gegenwart beeinflußt schon.

Wir empfinden Manipulation dann negativ, wenn sie für den Betroffenen unbewußt und gegen seinen Willen geschieht. Genau das ist der Punkt!

Die Eltern wollen abends schnell aus dem Haus. Während der Kleine schläft, lassen sie in der Stube das Licht brennen und das Radio laufen, damit das Kind beim Erwachen das Gefühl hat, die Eltern seien da. Was einen hier stört, ist die Unredlichkeit. Wenn das Kind den Trick erkennt, fühlt es sich ‚manipuliert‘.

Alfons hat die Gewohnheit, erst nach dreimaligem Rufen zum Essen zu erscheinen. Alles Schimpfen, alles Drohen war bisher nutzlos.

Endlich entscheidet sich Vater zum Handeln (böse gesagt zur Manipulation) und sagt: „Alfons, ab heute rufen wir nur noch einmal. Dann essen wir, weil wir das Essen warm und in Ruhe genießen wollen.“

Gesagt – getan. Alfons kommt natürlich zu spät. Den ersten Gang hat er verpaßt. Eine Prophezeiung kann man wagen, sofern die Eltern konsequent bleiben, wird Alfons in wenigen Wochen pünklich sein. Er hat durch natürliche Folgen gelernt.

Da die Eltern mit offenen Karten spielen und nur ihre eigenen Bedürfnisse in die Waagschale werfen, kann man hier von Manipulation ohne negativen Anstrich reden.

Ich vermute, man verwechselt gern Reden, Anpredigen, Erklären mit „Handeln". Wenn ich aufrichtig handle, dann ist dies eine aufrichtige Manipulation.

Verzichte ich aus Angst vor einer Veränderung darauf zu handeln, so bleibt mir nur unwirksames Reden und Jammern. Ich manipuliere mich selber in eine Ohnmachts-Situation.

Habe ich den Mut zu handeln, so stelle ich mein Gegenüber, in diesem Fall mein Kind, ebenfalls vor die Wahl des Handelns. Sofern ich aufrichtig und aus innerer Überzeugung mich entscheide, ist nichts dagegen zu sagen.

Lieber Leser, die Entscheidung, welche Art der Manipulation Sie wählen, überlasse ich Ihnen.

Das Zimmer von Brigitte wird ordentlicher

Wir haben nun ausführlich alle Aspekte durchbesprochen, die dazu beitragen könnten, das leidige Problem mit Brigittes Zimmer zu lösen. Dazu mußten Sie ein halbes Buch lesen.

In Wirklichkeit ist alles ganz einfach. Wenn Sie ein wenig Übung haben, und wenn Sie vor allen Dingen die entsprechende Grundhaltung angenommen haben, dann bedarf es nur eines kurzen Wechselgespräches. Mir sind viele Situationen bekannt, in denen befriedigende Lösungen bezüglich Unordnung gefunden wurden.

Fassen wir zum Abschluß alles Besprochene in einem, etwas konstruierten Gespräch mit Brigitte zusammen. Die folgende Aufzeichnung ist natürlich nur exemplarisch und vereinfacht:

Mutter: „Brigitte, dein Zimmer ist nicht aufgeräumt. Ich kann nicht staubsaugen. Heute abend kommt Besuch. Da will ich die Wohnung sauber haben." *(Situation und Bedürfnis wertfrei formuliert.)*

Brigitte: „Du mußt in meinem Zimmer nichts machen. Ich fühle mich so wohl." *(Gereizter Widerstand)*

Mutter: „Ich genier' mich, wenn der Besuch kommt und er dein Zimmer so sieht. Ich würde jeweils am liebsten in den Boden versinken." *(Starke I-Bo)*

Brigitte: „Mach du mit deinem Besuch, was du willst. Ich mach mit meinem Zimmer, was ich will." *(Sie bereitet sich auf den Kampf vor.)*

Hier besteht nun die Gefahr eines Gegenangriffes von seiten der Mutter. Sie erliegt aber der Gefahr nicht und sagt statt dessen:

Mutter: „So, wie du das sagst, fühlst du dich von mir recht arg bevormundet und kontrolliert." *(AZ von Mutter, je echter, desto vorwurfsloser.)*

Brigitte: „Ja, genau! Mir macht die ganze Wohnerei bei dir auch keinen Spaß, wenn du ewig an mir herummeckerst." *(Erste I-Bo der Tochter)*

Es ist ein gutes Zeichen, wenn das ,Ja, genau!' kommt. Die Mutter hat's also getroffen. Nun ist die Gefahr noch größer, sich zu verteidigen. Was die Mutter auch sagen könnte, es kann nur falsch sein. Das einzig Mögliche ist hier eine ähnliche I-Bo der Mutter, stark, aber vorwurfslos:

Mutter: „Ich verliere langsam auch den Spaß, meine Wohnung in Ordnung zu halten, wenn ein Zimmer immer staubig und unordentlich bleibt." *(I-Bo der Mutter)*

Brigitte: „Du hast eben einen Sauberkeitstick!" *(Sie ist immer noch auf Angriffsfahrt.)*

Da muß man ja in Rage kommen. Doch Mutter bleibt gelassen. Sie sagt das einzig richtige:

Mutter: „Einerseits möchtest du leben, wie es dir gefällt, andererseits hindert dich mein Gemecker daran." *(Mit diesem AZ formuliert die Mutter das Problem der Tochter.)*

Brigitte: „Genau! Ich bin doch kein kleines Kind mehr." *(Eine starke I-Bo der Tochter)*

Hier trifft's ins Schwarze. Es lohnt sich, an solchen Stellen kurz zu verweilen, um das eigentliche Bedürfnis und die besondere Wertvorstellung des Gesprächspartners zu erfassen. In unserem Fall könnte es lauten:

Aufräumen? = das ist, wenn Mutter schimpft und mich zwingt.

Unordnung? = das ist, wenn ich tun und lassen kann, was ich will. Das ist Freiheit!

Es gibt natürlich noch andere Gründe für eine notorische Unordnung. Auf jeden Fall müssen sie gefunden werden, will man eine Lösung finden. Erst, wenn das Kind spürt, daß seine Lage ernst genommen wird, kann es auf Änderungsvorschläge eingehen. Mutter hat jetzt die Möglichkeit, zum Wesentlichen vorzustechen:

Mutter: „Brigitte, mir geht es so: Einerseits stehe ich dir das Recht zu, selber zu entscheiden, wie du leben willst. Andererseits wird meine Lebensart dadurch sehr gestört, z.B: wenn Besuch kommt. *(Mit dieser I-Bo formuliert die Mutter ihr Problem.)*

Brigitte: Pause. Achselzucken.

Viele Eltern bestätigen mir immer wieder, daß es den Kindern bei einer echten Gegenüberstellung der Probleme nicht mehr so leicht fällt, schnippische Antworten zu geben. Diese nachdenkliche Pause bringt die Wendung. Jetzt kann Mutter sagen:

Mutter: „Brigitte, mir ist wichtig, daß wir uns beide in dieser Wohnung wohlfühlen können. Wie könnten wir das bewerkstelligen?"

Dieser wichtigste Satz in diesem Buch ist eine Ermunterung an Brigitte, das Kriegsbeil zu begraben und mit ihren eigenen Lösungsvorschlägen zu beginnen. Hier ist die letzte Klippe, die die Mutter im Umgang mit ihrer Tochter umfahren muß: „Lieber die Zunge abbeißen, als den ersten Lösungsvorschlag machen!" Die Unterbrechung im Gespräch, die Pause bis zur ersten Reaktion von Brigitte lohnt sich dutzendfach. Ihr Kind muß spüren, daß Sie wirklich an seinen Vorschlägen interessiert sind und sie auch ernst nehmen. Mutter leitet jetzt zu Schritt 2 unseres Konfliktlösungsverfahrens über.

Mutter: „Wir machen jetzt ein Brainstorming. Wir schreiben unsere Ideen und Vorschläge eine Woche lang in ein Heft. Und nächste Woche werden wir darüber beraten."

Aus eigener Erfahrung schlage ich Ihnen an dieser Stelle folgendes vor: Notieren Sie auch schriftlich Punkt 1 unseres 6-Punkte-Verfahrens, das da heißt: Bedürfnisse und Problemstellung:

Mutter: schreibt also:

1. Problem von Brigitte: Einerseits Wunsch nach Frieden mit der Mutter. Andererseits: Zimmer selbergestalten und sich nicht mehr bevormundet fühlen.

2. Problem der Mutter: Einerseits ein gutes Verhältnis zu Brigitte, sie als erwachsenen Menschen akzeptieren. Andererseits der Wunsch, die ganze Wohnung sauber zu haben und sich bei Besuch nicht wegen Brigitte schämen müssen.

Für diese Probleme suchen die beiden Frauen in Punkt 2 dazupassende Lösungen.

Mutter: schreibt auf die nächste Seite:

Brainstorming. Wichtig: a) Alles wertfrei! b) Auch lustige Vorschläge. Auch Unausführbares muß hier herein, damit alles einen spielerischen Anflug bekommt: Türe bleibt immer zu, Mutter wird auch unordentlich, Tochter bezieht ein Zimmer im Dachboden. Einmal pro Woche räumen Mutter und Tochter gemeinsam auf. Tochter tut alles in Kisten und Schachteln mit Rädern, damit Mutter beim Staubsaugen alles umherrollen kann. Tochter bekommt Gestelle, welche die Ordnung erleichtern. Es darf Unordnung sein, aber der Boden bleibt sauber. Mutter bekommt den Mut, dem Besuch das Zimmer ohne schlechtes Gewissen und ohne Randbemerkung zu zeigen. Und vieles mehr.

Lieber Leser, ich getraue mir eine Prophezeiung zu machen: Das Zimmer wird bereits vor der nächsten Besprechung leicht annehmbarer. Das wird auch so weiter gehen, sofern Mutter keine vorwurfsvolle Bemerkung macht.

Punkt 3: Gemeinsame Lösung wird in einer Woche gemeinsam getroffen. Die restlichen Punkte 4 + 5 + 6 besprechen wir in diesem Buch nicht.

---

7. Schlußfolgerung

Je klarer ich die Bedürfnisse und Probleme aller Beteiligten erkenne, je bewußter alle ihre Gefühle und Nöte erkennen, desto schneller wird man gemeinsam die ‚richtige' Lösung finden.

TEIL II

Wie ich besseren Zugang
zu meinem Kinde finde

8.

Zum Zwecke welchen Zweckes macht ein Mensch überhaupt etwas?

Der erste Teil dieses Buches hat also hinreichend gezeigt, daß es zwei Elemente sind, die ein Kind ohne Gewalt und Druck veränderungsbereit stimmen:
1. Ich muß seine innere Not, sein Problem erfaßt haben.
2. Das Kind muß fühlen, daß ich es verstehe.
Immer wieder gestehen mir Eltern, sie wären zwar entschlossen, in diesem Sinne auf ihr Kind einzugehen.
Aber nach drei- oder viermaligem ‚Aktivem Zuhören‘
würde das Gespräch wieder versiegen.
Was könnten denn die tieferliegenden Gedanken des
Kindes sein? Aber vor allen Dingen: Wie könnten Eltern jetzt ohne Machtanwendung und innerhalb kurzer
Frist zu einer gangbaren Lösung gelangen?

Hier ein Beispiel:
Warum ist mein Kind so widerspenstig?
Die Familie, Vater, Mutter und der achtjährige Oliver,
kehrt anläßlich eines Sonntagsausfluges in einem Restaurant ein. Man genehmigt sich einen kleinen Imbiß
und Oliver bekommt auch, was er sich wünscht.
Zur allgemeinen Überraschung betreten gute Bekannte
das Lokal. Allgemeine Begrüßung. Man bestellt noch
einmal etwas zum Trinken und zum Knabbern. Das Gespräch sprudelt fröhlich vor sich hin. Oliver wird immer
unruhiger, rennt im ganzen Restaurant herum, wirft eine

Tasse um, rennt auf die Straße und muß geholt werden. Alle gutgemeinten Ermahnungen nützen nichts.

Da reißt dem Vater die Geduld. Er drückt Oliver mit Gewalt auf seinen Stuhl und sagt: „Warum zum Teufel mußt du plötzlich so ekelhaft sein!" Und wirklich fragen viele Eltern in vielen Situationen, warum ist mein Kind plötzlich wie ein umgekehrter Handschuh?

Wie weit ist das Verhalten von Oliver logisch, und wie weit kann ich sein Verhalten verstehen?

Zwei Fragewörter führen hier weiter: ‚Warum?' und ‚Wozu?'

Das ‚Warum' fragt nach der Kette von Ursache und Wirkung, welche gleichsam als eine Art Wurzel in die Tiefe wächst. Hinter jedem ‚Warum' steht ein weiteres ‚Warum'.

Ich kann z. B. fragen, warum Konrad in der Schule unruhig ist. Die Antwort könnte lauten: „Weil das Thema langweilig ist. Aber warum ist das Thema für ihn denn so langweilig? Weil er den Anschluß zum Thema verpaßt hat. Aber warum hat er den Anschluß denn verpaßt? Weil er zu wenig gelernt hat. Aber warum fällt Konrad gerade in diesem Fach das Lernen so schwer? Weil er den Sinn der Aufgabe nicht versteht. Und so kann ich bis ins Unendliche mit dem Wörtchen ‚Warum' weiterfragen.

Das ‚Wozu' blickt gleichsam den Stamm des Baumes hinauf, um irgendwo die Baumkrone zu entdecken. Frage ich also nach dem ‚Wozu', bekomme ich ganz andere Antworten: Wozu ist denn Konrad in der Schule so unruhig? Die Antwort könnte lauten: Um vom Unterricht abzulenken. Wozu aber will er denn vom Unterricht ablenken? Um aufzufallen (mit guten Noten kann

Das Warum und das Wozu

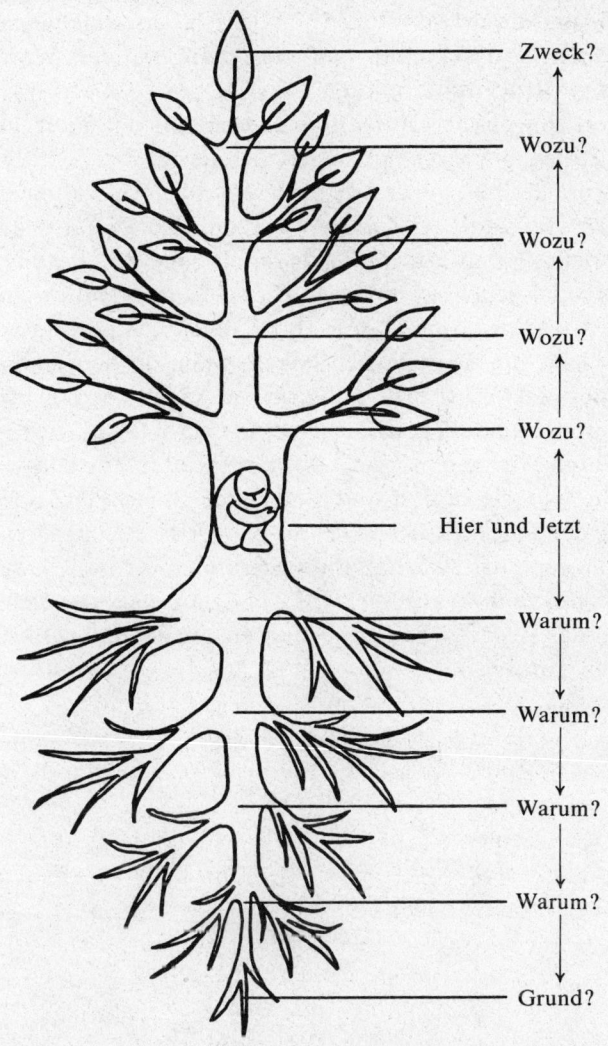

Zweck?

Wozu?

Wozu?

Wozu?

Wozu?

Hier und Jetzt

Warum?

Warum?

Warum?

Warum?

Grund?

er das ja nicht). Wozu will er denn auffallen? Um im Mittelpunkt stehen zu können. Wozu will denn Konrad ewig im Mittelpunkt stehen? Um das Leben genießen zu können. Und so könnte man noch endlos mit dem Wörtchen ‚Wozu‘ weiterfahren.

Diese Fragen samt Antworten überlege ich mir natürlich im Stillen, bevor ich mit meinem Kinde darüber rede. Im Gespräch aber werde ich die möglichen Antworten in Form von ‚Aktivem Zuhören‘ äußern, also als Tatsache. Anstatt: „Könnte dir vielleicht das Thema nicht liegen?“ werde ich sagen: „Für dieses Thema kannst du dich einfach nicht erwärmen.“ Anstatt zu fragen: „Was könntest du denn für einen Vorteil haben, wenn du den Unterricht störst?“, würde das in Form von AZ lauten: „Du bist dann wieder der Held, wenn dir ein Gag gelungen ist“.

Kehren wir zu unserem Oliver im Restaurant zurück. Schreiben sie in den untenstehenden freien Platz oder auf ein Stück Papier in Form von ‚Aktivem Zuhören‘ nun zuerst das ‚Warum‘ hin – warum Oliver im Restaurant plötzlich so unruhig wird – und darunter oder daneben das ‚Wozu‘ – zum Zwecke welchen Zweckes Oliver denn unruhig wird.

Das veränderte Verhalten von Oliver in Form von AZ	
Warum?	**Wozu?**
1.	1.
2.	2.
3.	3.

(Mögliche Antworten finden Sie auf Seite 122)

Ich komme der inneren Not meines Kindes, seinem Bedürfnis, seinem Wesen erst dann näher, wenn mich auch der Zweck, das ‚Wozu' seines Handelns interessiert. Denn erst, wenn ich beim Kind auch das ‚Wozu' ansprechen kann, fühlt es sich verstanden.

---

8. Schlußfolgerung

Ich finde das eigentliche Bedürfnis und das eigentliche Problem meines Kindes schneller und sicherer heraus, wenn mich nicht nur das ‚Warum', sondern auch das ‚Wozu' interessiert.

9.

Kinder sind sooo widersprüchlich

Bei unserem Oliver merken wir nach einigen ähnlichen Vorfällen, daß er nur unter ganz bestimmten Bedingungen zufrieden ist. Solange sein Idealzustand nicht hergestellt ist, wird Oliver hundert verschiedene Gründe finden, warum er nicht zufrieden sein kann. Alle Schlichtungsversuche werden nichts nützen. Die Frage lautet: Zum Zwecke welchen Zweckes lohnt sich für Oliver der große Aufwand, immer neue Schwierigkeiten mit seinen Eltern einzuhandeln?

Wir alle merken früher oder später, daß wir auf irgendein selbstgestecktes Ziel nicht verzichten wollen. Wir leiden, wenn es uns vorenthalten wird. Ohne dieses Ziel ist für uns das Leben nicht mehr lebenswert. Wir fühlen dem Leben, der Gesellschaft gegenüber das Recht in uns, dieses unser Ziel zu erreichen.

Väter und Mütter leiden an ihren mißratenen Söhnen und Töchtern. Ein Mädchen kann ihrem Liebhaber seine Treulosigkeit nicht verzeihen. Ein Mann fühlt sich um jene Jahre betrogen, in denen er seine Mutter pflegen mußte und nicht heiraten konnte.

Warum will und kann ein Mensch oft auf gewisse Vorstellungen und Ziele in seinem Leben nicht verzichten? Wenn wir gründlich und ausdauernd genug nach dem ‚Wozu‘ fragen, nach dem Ziel und Zweck eines Verhaltens forschen, wird sich plötzlich der Punkt ergeben, für den ich – und eben auch mein Kind – alles in meinem Leben einsetze, ohne den das Leben schlechthin nicht mehr lebenswert ist. Für den einen ist es Reichtum, für den andern eine große Familie, für den nächsten persönlicher Erfolg, nicht schuld sein, ein abgesichertes Leben haben, gebraucht werden.

Auch unser Oliver hat seine fest umrissene Vorstellung, unter welchen Voraussetzungen ein Leben für ihn lebenswert ist. Dieses unverzichtbare Ziel nennen wir ‚Leitbild‘. Das Leitbild ist aber nicht das gleiche, wie das Ideal, das sich ein Mensch gesteckt hat. Meistens besteht ein gewisser Widerspruch zwischen dem bewußten, aber unwirksamen Ideal und dem unbewußten, aber wirksamen Leitbild.

Ein Mensch kann das Ideal haben, ein guter Christ zu sein. Sein Leitbild kann aber trotzdem heißen: „Ich muß der erste, der beste sein, ohne mich geht nichts." Solange dieses sein Leitbild erfüllt ist, wird er in seiner Position demütig wirken, gelassen sein, seine Nächstenliebe wird überall gelobt werden, und er ist sich sicher, daß er im Himmel einen guten Platz erworben hat. Er wird zum Pharisäer, ohne es zu wissen.

Erst wenn er nicht mehr beachtet wird, wenn er von seinem Posten abgesetzt wird, wird es sich zeigen, ob er wirklich demütig und bescheiden ist, oder ob er sein Recht, der Allerbeste, der Unvergleichliche zu sein, anmelden wird. Eines Tages steht er vor der Entscheidung, entweder sein Leitbild oder das Christentum aufzugeben.

Jeder Mensch – auch Oliver – hat ein fest umrissenes Leitbild, welches sich im Laufe der Zeit ändern kann und soll. Hoffen wir, daß unser Sohn in seinem Leben stets änderungsbereit bleibt.

Unser Oliver wird sein *Leitbild* über verschiedene, meist gegensätzliche *Leitlinien* anstreben.

Z. B.: Einmal wirkt er altklug, so daß man gerne mit ihm diskutiert. Plötzlich ist er unbeholfen, so daß man ihm helfen muß.

Eine weitere Leitlinie könnte sein: Er spielt mit Hingebung Klavier, solange man ihm zuhört. Wenden sich die Zuhörer einer anderen Sache zu, läßt er sein Tonband laut laufen oder tollt mit dem Hund in der Wohnung herum. Anders das Leitbild: Oliver kann sich beim Spielen vergessen. Er kann im Restaurant alle guten Manieren vergessen. Eines vergißt er nie: sein Leitbild. In unserem Falle könnte das Leitbild von Oliver heißen: „Ich bin einziges Kind, ich bin Mittelpunkt der Familie. Meine Mutter muß stündlich für mich da sein. Es muß sich alles um mich drehen."

In diesem Falle wäre hier in der Erziehung etwas schief gelaufen. Wie müssen sich die Eltern von Oliver verhalten, damit ihr Sohn sein Leitbild ändern kann? Dieser Frage wollen wir im folgenden nachgehen.

Lieber Leser, halten Sie jetzt im Lesen einen Moment inne und schreiben Sie auf ein Stück Papier Ihr persönliches Leitbild in einigen Sätzen nieder. Das Finden des Leitbildes wird erleichtert, wenn Sie sich folgende Fragen stellen: Was ist mir in meinem Leben das wichtigste? Auf was möchte ich auf keinen Fall verzichten? Haben Sie mit sich etwas Geduld. Sie werden Ihr Leitbild nicht sofort – auch kaum ohne Hilfe von außen – herausfinden. Der Hinweis auf ihr Leitbild soll Ihnen lediglich erleichtern und Sie ermuntern, danach zu fragen: „Wer bin ich wirklich?" Es wird Ihnen auch bei der Frage helfen: „Wer ist mein Kind wirklich?" Der Zugang zu Ihrem Kinde führt über sein Leitbild.

Zwei Seelen wohnen, ach, in meiner Brust

Der 5jährige Hansjörg will mit den anderen Kindern hinter dem Haus auch beim Schneemann bauen helfen. Mutter zieht ihn entsprechend an mit Gummistiefeln etc. Nach fünfzehn Minuten kommt er weinend in die Wohnung. Die anderen Kinder lassen ihn nicht mitspielen, weil er das Spiel an sich reißen will.

Hansjörg will jetzt mit Brüderchen und Schwesterchen Lego spielen. Mutter zieht ihn wieder aus. Aber auch hier wirkt er als Eindringling, denn auch hier soll es nach seinem Willen gehen. Jetzt sieht Hansjörg den Schneepflug vor der Terrassentür vorbeifahren. Hansjörg will jetzt in dem Schneehaufen herumstochern. Mutter zieht ihn wieder an. Doch nach zehn Minuten ist er wieder da. Mit nassen Kleidern sitzt er auf dem Teppich und spielt wieder mit den Kindern Lego.

Was eigentlich will denn Hansjörg? Kinder sind oft wahre Spezialisten, Eltern mit gegensätzlichen Wünschen zur Verzweiflung zu bringen.

Man könnte meinen, Hansjörg sei zerfahren, er könne sich nicht konzentrieren. Die Eltern fragen sich, ob ihr Kind zeitlebens unentschlossen und zerstreut bleiben wird. Das Gegenteil ist der Fall: Hansjörg hat ein fest umrissenes Leitbild, welches er über verschiedene Leitlinien anstrebt.

Wie könnte sein Leitbild lauten, was könnte der eigentliche Zweck seines Verhaltens sein?

Das Leitbild

Wie gut bin ich?

Deutlich wird dies an dem folgendem Beispiel: Da ist die 28jährige junge Dame, die bei ihrer asthmatischen Mutter wohnt. Sie hätte eine tolle Stelle in Paris. Eigentlich hat sie sich bereits für diese Stelle entschieden. Aber da bekommt ihre Mutter wieder einen Asthmaanfall und beschwört ihre Tochter, doch bei ihr zu Hause bleiben zu wollen. Sie könne es doch nirgends schöner, freier und billiger haben als bei ihr.

Nun kommt diese Dame zu Ihnen und klagt: „Das ist schon das dritte Mal, daß ich in diese heikle Situation komme! Was soll ich nur machen? Warum muß gerade ich in solche unguten Situationen kommen?" All Ihre guten Vorschläge helfen nichts. Warum kann sich diese Person nicht entscheiden?

Wenn Sie die Situation dieser jungen Frau genau untersuchen, werden Sie finden, daß sie sich sehr wohl entschieden hat. Sie hat sich für die Unentschlossenheit entschieden. Sie hat sich entschlossen, die Verantwortung für ihren Entschluß nicht zu übernehmen. Diese Unentschlossenheit nennt man ‚Ambivalenz‘.

Als Vertraute dieser jungen Person müßten Sie folgendermaßen ‚aktiv zuhören‘: „Wenn ich dich richtig verstanden habe, fällt es dir schwer, die Verantwortung für deine Entscheidung zu übernehmen." Oder: „Du hast Angst vor einem Fehlentscheid." Bei Kindern treffen solche und ähnliche Formulierungen meist ins Schwarze.

Viele Kinder sind wahre Meister in ambivalenten Verhaltensspielen. Wenn ich bei meinem ‚Aktiven Zuhören‘ mehr in die Tiefe greifen möchte, wenn ich das Wesen meines Kindes besser erfahren möchte, ist es mir hilfreich zu wissen, wie ich ambivalentes Verhalten erkenne und wie ich darauf reagieren kann.

Bei unserem Hansjörg könnte das Leitbild heißen: „Ich will beides. Ich will im Schnee spielen. Ich will aber nicht allein spielen. Die anderen Kinder müssen eben mit mir spielen, wie ich will. Weil Hansjörg auf beides nicht verzichten will, entschließt er sich für das Hin und Her.

Die Mutter wird also im Sinne von AZ versuchen, das ambivalente Leitbild von Hansjörg zu treffen:

„Gell, Hansjörg, den anderen Kindern hinten nachzulaufen ist nicht lustig, und alleine im Schnee herumzustapfen, ist auch nichts. Im Schnee spielen macht dir nur Spaß, wenn die anderen Kinder auch so spielen, wie du willst."

Anstatt zu versuchen, den Willen des Kindes zu brechen, kann man dem Kind helfen, mit seinem Willen richtig umzugehen. Wie dies zu bewerkstelligen ist, besprechen wir im folgenden Abschnitt.

---

9. Schlußfolgerung

Jeder Mensch ist einheitlich. Zu einem gewissen Zeitpunkt hat ein Mensch nur ein Leitbild. Es besteht aus verschiedenen Leitlinien.

Sobald ich das Gemeinsame der Leitlinien erfaßt habe, erkenne ich sein Leitbild und damit das Wesen meines Kindes. Erst jetzt kann ich richtig reagieren.

10.

Mensch oder Gegenstand

Wir haben im Kapitel 9 festgestellt, daß jeder Mensch und auch jeder Jugendliche innerlich einheitlich ist und etwas ganz Bestimmtes will, auf das er auf keinen Fall in seinem Leben verzichten möchte.

Wie aber kann ich da mein Kind positiv beeinflussen, ohne seinen Willen zu brechen? Beispiel:

Der 14jährige Beat muß voraussichtlich die Klasse wiederholen. Die Eltern wollen ihm dies ersparen. Sie wünschen dem Beat auch, daß er ins Gymnasium gehen kann.

Deshalb beschließen die Eltern, Beat in ein erstklassiges Internat zu stecken. Beat aber will nicht. Die Eltern versuchen, mit Liebe und mit vielen Argumenten ihren Sohn von der Richtigkeit ihrer Entscheidung zu überzeugen. Es fruchtet alles nichts. Beat bleibt uneinsichtig. Lieber bleibt er in der Klasse sitzen. Vater kann den Widerstand seines Sohnes einfach nicht verstehen. Bei jeder neuen Diskussion wird Vater derart zornig, daß Mutter nur noch versucht zu dämpfen.

Was ist zu tun? Zwingen oder nachgeben? Welches ist für die Eltern die schlimmere Entscheidung? Wenn ich mein Kind beeinflussen will, besteht die Gefahr, daß ich es als Gegenstand, als Sache behandle. Meine Erziehung ähnelt dann der Dressur eines Tieres. Durch Anwendung von Zuckerbrot und Peitsche übe ich Macht aus. Die Eltern von Beat können ihrem Sohn verschiedenes sagen:

1. Du gehst jetzt in das Internat, keine Widerrede. Wir wissen am besten, was für dich gut ist.
2. Wenn du nicht in das Internat gehst, bekommst du weniger Taschengeld, dann kommt ein Privatlehrer ins Haus, dann verbieten wir dir, in Zukunft in deinen Club zu gehen.
3. Wenn du ins Internat gehst, bekommst du dein gewünschtes Mofa, dann bekommst du mehr Taschengeld etc.

Alle drei Verhaltensweisen ähneln einer Dressur. Abgesehen davon, daß alle drei Vorschläge negative Nebenwirkungen haben werden, sind sie eben unmenschlich, im wahrsten Sinne des Wortes nicht ‚human'. Was aber könnte man in diesem Fall unternehmen? Wie könnte man mit Beat über dieses Problem vernünftig reden? Worin liegt eigentlich die Schwierigkeit in diesen Gesprächen mit Beat?

Jeder Mensch ist zugleich Subjekt und Objekt. Er ist als Individuum ein lebendiges Wesen und gleichzeitig für sich und die andern ein Gegenstand. Alle Handlungen, die er als Subjekt begeht, fallen auf ihn als Objekt wieder zurück, positiv oder negativ.

Das Kennzeichen des Subjektseins ist Freiheit, Ursachlosigkeit, Kreativität.

Das Kennzeichen des Objektseins ist Unfreiheit, bedeutet behandelt werden, bedeutet eingeklemmt sein zwischen Ursache und Wirkung.

Viele Menschen versuchen, entweder nur als Subjekt, als ewig Handelnde zu leben, oder nur als Objekt, als ewig Be- und Mißbehandelte zu leben. In beiden Fällen versuchen diese Menschen, sich der Verantwortung ihrer Entscheidungen zu entziehen.

Nur in der Wechselwirkung zwischen Subjekt und Objekt lebt man als selbstverantwortliches Wesen. Der Vater von Beat wäre zum Beispiel nicht verpflichtet, zornig zu werden, er könnte ebensogut auch friedlich bleiben. Er behauptet aber, bei solch unlogischen und widersprüchlichen Argumenten, wie sie sein Sohn hervorbringt, müsse jeder vernünftige Mensch zornig werden!

Der Vater sieht sich lieber als Objekt seines Sohnes, als daß er sich und den anderen seine eigene Schwäche eingesteht.

Umgekehrt wird Vater als reines Subjekt rigoros über das Schicksal seines Sohnes bestimmen, ohne sich zu überlegen, daß die Folgen einer Einweisung ins Internat unabdingbar auf ihn zurückfallen werden.

Es hilft ihm nichts. Er bleibt Subjekt und Objekt zugleich. Das gleiche gilt natürlich auch für den Sohn.

Wie aber kann der Vater auf Beat Einfluß gewinnen und zu einem guten Resultat kommen, ohne bei dem halsstarrigen Sohn Macht anwenden zu müssen?

Macht oder natürliche Folgen

Gemäß unserer Devise, vorwurfslos zu diskutieren, werde ich in Form von AZ und I-Bo folgendes ausdrükken:

1. Situation und Verhalten

   Wenn ich dich richtig verstehe, ist dir im Moment deine Musikband und die Kameradschaft mit den Kollegen wichtiger als alles andere. Darauf willst du auf keinen Fall verzichten. Lieber nimmst du eine Wiederholung der Klasse auf dich. *(AZ des Vaters) Erst wenn der Sohn ein überzeugtes „Ja" sagt, kann Vater weiterfahren.*

2. Vater als Objekt

   Wenn du hier die Klasse wiederholen mußt, geniere ich mich vor meinen Verwandten und Freunden. Zudem habe ich dann das Gefühl, dir gegenüber einen Fehler begangen zu haben. Dir ist jetzt deine Musikband das allerwichtigste. In einigen Jahren aber wirst du mir vorwerfen, ich sei zu wenig streng mit dir gewesen. *(Vater redet als Objekt.)*

3. Vater als Subjekt

   Deshalb entschließe ich mich, dein Hobby nicht mehr zu unterstützen, wenn du da bleibst. Deshalb habe ich mich entschlossen, Geld auszugeben, um dir das Internat zu ermöglichen. *(Vater handelt als Subjekt.)*

Der Sohn kann natürlich das gleiche tun, sofern er es kann, zum Beispiel:

a) Wenn ich gezwungen werde, gegen meinen Willen in ein Internat zu gehen, fühle ich mich von dir versetzt und für deinen Ehrgeiz mißbraucht. *(Sohn reagiert als Objekt.)*

b) Deshalb habe ich mich entschlossen, im Internat sämtliche Lausbubenstreiche zu spielen, die mir möglich sind. *(Sohn reagiert als Subjekt.)*

Erst jetzt, da die Fronten klar bezogen sind und die logischen Folgen auf beiden Seiten klar bestimmt sind, kann das vernünftige Gespräch beginnen. Motive und Absichten sind jetzt transparent.

Der Vater hat vom Sohn erfahren, was auf ihn dabei zukommt und wird sich alles noch einmal überlegen.

Der Sohn hat begriffen, in welcher Zwickmühle sein Vater steckt und wird mehr Verständnis für ihn haben.

Nachdem Vater und Sohn begriffen haben, daß sie beide gleichermaßen als Subjekt und Objekt in die Situation verstrickt sind, wird ein sachliches Gespräch ermöglicht.

Das Gespräch tritt in die Lösungsphase ein, wenn der Vater sagt: „Was können wir tun, daß wir uns beide mit der Lösung abfinden können. Das bedeutet, beide Parteien sind bereit, die Verantwortung für ihre Entscheidung zu übernehmen.

Wie oft sagen wir unüberlegt: „Ich muß jetzt ..." oder „Zuerst muß ich ..." oder „Muß ich dir denn immer ..."

Mit dieser unüberlegten ‚ich-muß-noch-schnell-Wendung' bekenne ich mich zu meiner Fremdbestimmung. Meine Grundhaltung ist Nur-Objekt.

Sage ich statt dessen „Ich werde jetzt einkaufen gehen", „Ich habe mich entschlossen, mit dir zu spielen", „Ich will jetzt etwas für meine Gesundheit tun", bekenne ich mich zu meiner persönlichen Verantwortung, zu meiner Entscheidungsfreiheit.

Der Mensch handelt sehr oft allen Berechnungen zum Trotz anders, als er handeln ‚müßte'. Das Leben gedeiht und verdirbt eines Tages unter Bedingungen, unter denen es sonst das Gegenteil zu tun pflegt. Die Entwicklung schlägt plötzlich eine Richtung ein, die jeder absichtlichen Beeinflussung spottet. Und die Freiheit bringt den Beweis, daß sie durch den Zusammenhang von Ursache und Wirkung weder erkannt noch gelenkt werden kann.

Schlußfolgerung: Der Vater kann letztlich nicht wissen, ob es für seinen Sohn richtig ist, Musiker zu werden oder eine Beamtenlaufbahn einzuschlagen. Dieses grundsätzliche Unvermögen, in die Zukunft zu sehen, wird ihn bei seinen Entschlüssen vorsichtiger machen.

Je eher der Vater einsieht, daß er seinen Sohn nicht als Objekt ‚behandeln' darf, sondern bereit sein muß, die freie Entscheidung des Sohnes zu akzeptieren, desto früher wird Beat mit seinem Vater vernünftige Gespräche führen.

Je früher Beat einsieht, daß ihm seine Opposition gegen den Vater nichts einbringt, sondern daß er eben als Subjekt sein eigenes Leben leben muß und daß er auch als Objekt die Folgen tragen muß, desto eher wird er sich ‚richtig' entscheiden.

Zusammenfassend heißt die Frage: Wie kann ich der Gefahr entgehen, Macht anzuwenden und den Menschen nur als Objekt zu behandeln?

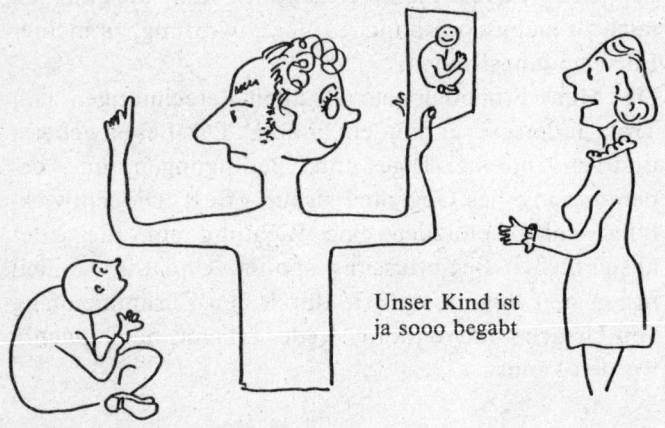

Unser Kind ist
ja sooo begabt

Warum muß man auch immer
mit dir schimpfen!

10. Schlußfolgerung

Ich kann dem Notstand der Machtausübung nur dann entgehen, wenn ich mir täglich folgendes vergegenwärtige:

a) Da ich ein Subjekt bin, ist meine Meinung immer nur subjektiv, das heißt nur von meinem Standpunkt aus richtig. Alle meine Handlungen, seien sie richtig oder falsch, werden auf mich als Objekt zurückfallen. Ich bin Objekt und Subjekt zugleich.

b) Da mein Mitmensch – und natürlich auch mein Kind – nicht nur Objekt, sondern ein freies schöpferisches Wesen ist, muß ich seine Entscheidungen ernst nehmen.

Nur wenn ich mich dem ständigen Wechsel von Objekt und Subjekt unterstelle, kann ich meinen Zwang zur Macht verlieren.

11.

Freiwilliger Zwang oder natürliche Folgen

Sascha, drei Jahre alte, spielt unten auf der Wiese in einer Pfütze und kommt mit nassen Schuhen in die Wohnung. Er will trockene Schuhe, die Mutter aber weiß, daß Sascha schon vor einer Stunde seine anderen Schuhe vollkommen naß gemacht hat. Sie ist nicht mehr bereit, das Kind ein drittes Mal auf die Wiese zu lassen.

Man könnte sich nun folgenden Dialog zwischen diesen beiden Personen vorstellen:

Sascha kommt mit nassen Schuhen in die Wohnung.

Muter: „Vor einer Stunde habe ich dir verboten, mit den neuen trockenen Schuhen in die Wasserpfützen zu stampfen. Warum hast du das doch getan?"

Sascha: „Ich habe es vergessen."

Mutter: „Vergessen! Das ist heute nachmittag schon das zweite Mal, daß ich dir das sage. So etwas vergißt man doch nicht!"

Sascha: (Steht hilflos da.) „Ich habe kalt."

Mutter: Jetzt hat die Mutter zwei Möglichkeiten, mit dem Gespräch fortzufahren:

a) „Zur Strafe bleibst du jetzt oben und heute bekommst du nichts zum Nachtessen, basta!"

Bei dieser Reaktion wendet Mutter Macht an. Das Kind ist der Verlierer. Lohn und Strafe stammen aus einer Zeit, in der man noch klar umrissene Wertvorstellungen hatte. Dieses Mittel wird heute immer wirkungs-

*loser. Es ist müßig, über Vor- und Nachteile zu
diskutieren. Es gilt, bessere Methoden zu finden.*

*Wie aber könnte Mutter sonst reagieren, ohne zu stra-
fen, aber auch ohne nachzugeben? Das ist hier die
Frage. Hier die zweite Möglichkeit einer Reaktion:*

b) „Gell, in den Pfützen und in dem Wasser herumzu-
stampfen ist einfach herrlich. Und wenn das andere
auch machen, kann man doch nicht einfach daneben
stehenbleiben." *(Mutter versucht durch AZ Stimmung
und Gefühl von Sascha zu erfassen.)*

*Ich spüre jetzt förmlich, wie Sie, lieber Leser, denken:
Wenn ich das so echt zugebe, unterstütze ich doch das
Kind in seinem Tun!*

*Das ist ein Trugschluß. Die Mutter hat sich in keiner
Weise etwas vergeben. Sie hat das Handeln des Kindes
nicht als gut oder richtig hingestellt, sondern nur als
‚verständlich‘.*

Sascha: *(Er reagiert mit Kopfnicken und einem überzeug-
ten Mmmm.)*

Mutter: „Schade, jetzt kann ich dir keine trockenen
Schuhe mehr geben. Die letzten trockenen Schuhe
brauchen wir morgen und übermorgen (natürliche
Folgen). Und das Putzen und Saubermachen, das Bür-
sten und Trocknen der Schuhe macht mir gar keinen
Spaß." *(I-Bo der Mutter)*

*Die Tatsache, daß Sascha keine weiteren trockenen
Schuhe mehr bekommt, wirkt nun nicht als willkürliche
Strafe der übergroßen Mutter (kein Nachtessen), son-
dern als natürliche Folge seines Handelns. Die Mel-
dung, daß es Mutter keine Freude macht, immer nur
Schuhe zu reinigen, ist eine echte Ich-Botschaft.*

Sascha: „Mami, ich habe kalt!" *(Er will jetzt nur Objekt
sein.)*

Mutter: „Ja, was machen wir da, damit du nicht mehr kalt hast?" *(Sascha soll den ersten Vorschlag machen.)*
Das Warten bis zur Reaktion des Kindes lohnt sich! Sich lieber die Zunge abbeißen, als sofort eine Lösung anbieten.
Sascha: „Ausziehen." *(Sascha handelt als Subjekt.)*
Mutter und Sohn bewerkstelligen gemeinsam die Lösung der Situation. Wir haben jetzt keinen Gewinner, aber auch keinen Verlierer.

‚Vorwurfsloses Gespräch' und ‚natürliche Folgen' sind zwei wichtige Hilfen, um die Beziehung zu seinem Kinde zu verbessern. Die Wirksamkeit mit ‚natürlichen Folgen' zu arbeiten, beruht auf dem Grundsatz, daß kein Mensch willentlich etwas tut, von dem er glaubt, daß es ihm schadet. Wir tun zwar viele Dinge, die uns schaden. Wir tun sie aber nur, weil wir in dem kritischen Moment fälschlich glauben, sie würden uns nützen. Zu diesem Thema rate ich, das vorzügliche Büchlein von R. Dreikurs zu lesen: „Kinder lernen aus den Folgen".
Die Handlungen jedes Menschen, besonders aber der Kinder, sind in sich ‚logisch'. Erwachsene wie Kinder werden sich nie – ganz sicher nie – durch Machtanwendung, wie Bestrafung, von den Fehlern in ihrer Logik überzeugen lassen. Dies geschieht nur durch natürliche Folgen. Das Kind wird sehr schnell begreifen, daß es die Folgen seiner Wahl auf sich nehmen muß. So entgehen die Eltern dem Zwang, als strafender Gott wirken zu müssen. Sie werden zu Beratern, wie man mit natürlichen Folgen umgeht. Auf diese Art wird das Gespräch mit dem Kind nicht zu einem richterlichen Verfahren, sondern zu einem Lernprozeß, wie man mit unausweichlichen Folgen im Leben umgehen muß.

Vor allem aber lernen Eltern, in gespannten Situationen gelassener zu reagieren.

Hier eine Gegenüberstellung von Macht oder natürliche Folgen:

Kontrollierende Grundhaltung	Verstehende (sachliche) Grundhaltung
1. Macht zwingt. Sie wirkt willkürlich.	1. Natürliche Folgen überzeugen, nicht die Person.
2. Keine logische Beziehung zwischen Fehlverhalten und Folgen.	2. Die Folgen sind zum Fehlverhalten zugeordnet.
3. Moral wird als Druckmittel verwendet.	3. Kein Element moralischen Urteils.
4. Strafe befaßt sich mit der Vergangenheit.	4. Natürliche Folgen befassen sich mit dem, was jetzt passiert.
(nach R. Dreikurs/ L. Grey)	

11. Schlußfolgerung

Will ich der Rolle eines strafenden Gottes entgehen, muß ich die Strafen in ein sinnvolles Verhältnis zur jugendlichen Tat setzen, wenn möglich als ‚natürliche Folgen'.
So lernt das Kind langsam, die Verantwortung für sein Handeln zu übernehmen.

12.

Konfliktlösung, Schuld und Vergebung

Im Kapitel 10 wurde klar: Wenn ich mein Kind als meinen Besitz betrachte, so werde ich es als Objekt behandeln. Dann neige ich zur Machtanwendung.
Und anschließend haben wir im Kapitel 11 festgestellt: Ersatz für Machtanwendung heißt: Mit natürlichen Folgen arbeiten. Nur so können Eltern der Rolle eines strafenden Gottes entgehen.
Wie aber komme ich bei ernsten Konflikten mit meinem Kind ohne Machtanwendung aus?
Ich denke da an den unbelehrbaren Vater mit seinem POS-(MzD.-)geschädigten Kind. MzD bedeutet Minimale zerebrale Dysfunktion. Man nennt es auch POS. Das bedeutet Psychoorganisches Syndrom. Jedes 15. Kind ist heute von dieser Gehirnschädigung leichter oder stärker betroffen.
Im täglichen Leben kann man oft nicht feststellen, ob ein Kind sehr aufgeweckt und lebendig ist, oder hyperaktiv. Wenn Eltern das Gefühl haben, ihr Kind sei über die Maßen aktiv, nervös, zerstreut und leicht gereizt, so ist es sinnvoll, beim Schulpsychologischen Dienst eine Abklärung vornehmen zu lassen.
In unserem Fall war der Sohn achtjährig, als im Schulpsychologischen Dienst festgestellt wurde, daß er eine minimale zerebrale Gehirnschädigung hat. Obwohl der Mutter als ehemaliger Krankenschwester die Konse-

quenz dieser Feststellung sofort klar war, blieb Vater hart, er blieb bei seiner Auffassung, Ordnung müsse sein, gefolgt müsse werden. Hirngeschädigt hin oder her, nur durch Strenge kann mein Kind noch etwas werden. Da der Sohn unter anderem mit Schlägen erzogen wurde, schlug er mit größerwerdendem Alter immer mehr zurück.

Nun ist die Situation bereits soweit, daß der Sohn stärker geworden ist als sein Vater. Seinem Krankheitsbild gemäß, das der Sohn natürlich kennt, schlägt er in seiner manischen Phase ganz ordentlich zurück. So kommt es zu folgendem Wortwechsel: Der vierzehnjährige Sohn wird frech und wirft seinem Vater Gegenstände wie Bücher und Holzteile entgegen. Vater donnert: „Diese Frechheit wirst du noch schwer büßen!"

Der Sohn antwortet: „Du bist selber schuld mit deiner idiotischen Erziehung!"

Offensichtlich haben diese beiden Männer einen schwerwiegenden Konflikt. Wie aber können die beiden ihren Konflikt beilegen oder doch zumindest mildern? Jede echte Konfliktlösung beginnt mit der Unterscheidung von ‚Mein- und Dein-Problem'. Die Überschneidung beider Probleme bestimmt den gemeinsamen Konflikt.

Problem ist eine Sache, die der Mensch mit sich selber ausmachen muß. Nach unserer Auffassung steht ein Mensch mit einem Problem vor einer Entscheidung zwischen mindestens zwei entgegengesetzten Lösungen. Z. B.: Soll ich mit Mantel und Schirm in die Stadt, oder mit der Windjacke mit Kapuze? Soll ich ins Theater, oder soll ich zu Hause bleiben?

Konflikt hingegen haben zwei oder mehr Personen miteinander. Jede beteiligte Person hat ihr Problem. In dem

Bereich, in dem sich die Probleme überschneiden, spricht man vom ‚Konfliktgegenstand‘. Z. B.: Die Familie will übers Wochenende in die Berge fahren. Ausgerechnet an diesem Samstag hat die Tochter 3 Schulstunden. Problem der Eltern: Einerseits geben sie der Schule Vorrang. Sie ist wichtig. Andererseits nur wegen 3 Stunden das ganze Wochenende platzen zu lassen wäre ja schade. Problem des Lehrers: Einerseits hat er großes Verständnis für das Wochenende in den Bergen. Andererseits hat er keine stichhaltigen Gründe für eine Stundenbefreiung, die er seiner Schulleitung gegenüber verantworten kann. Gemeinsamer Konfliktgegenstand: Die zeitliche Anordnung der drei Stunden.

Was aber erleben wir meistens in der Praxis? Anstatt in einer Konfliktsituation den gemeinsamen Konfliktgegenstand zu suchen, beschuldigt man sich gegenseitig. Jeder der Kontrahenten ist sich sicher, daß der andere daran schuld ist, daß er sein eigenes Problem nicht lösen kann.

So paradox es klingen mag, das Haupthindernis bei Konfliktlösungsversuchen ist das Bedürfnis, den andern zu ‚beschuldigen‘.

Und doch will niemand von Schuld reden.

Die Schuld aber ist eine sehr konkrete Sache in unserem Leben. Der Vater schiebt seinem Sohn die Schuld zu, daß er mit ihm so hart verfahren müsse. Dadurch schadet sich der Vater aber selbst.

Der Sohn aber ist der Überzeugung, der Vater mache ihn so aggressiv. Diese Behauptung nützt auch dem Sohn nichts. Die Folgen für seine Bücherwerferei muß er erleiden, ob es nun gerecht ist oder nicht.

Echte Konfliktlösung beginnt mit der Erkenntnis, daß meiner Beschuldigung des anderen in jedem Falle mein eigenes Problem zugrunde liegt. Auch werde ich mit meinen Behauptungen vorsichtiger, wenn mir klar wird, daß ich die Tragweite meines Handelns nie richtig einschätzen kann (in unserem Beispiel der Vater). Zu meiner Fehlerhaftigkeit zu stehen, ist der erste Schritt zur Konfliktbewältigung.

Wenn es mir weiter möglich wird, zu erkennen, daß die Aggression oder Lethargie des andern in jedem Falle seiner Notsituation entspringt (in unserem Falle die des Sohnes), daß er sich eben nicht anders zu helfen weiß oder gar die Folgen seines Handelns nicht erkennt, kann ich meinen Beschuldigungszwang abbauen. Ich kann ihn ,annehmen'. Ich kann ihm ,vergeben'.

Beide Parteien, also Vater und Sohn, müssen sich klar werden, daß sie sowohl als Subjekt als auch gleichzeitig als Objekt reagieren. Der Vater handelt als Subjekt und ist seit Jahren überzeugt, daß er an seinem Sohn richtig handelt. Er bekommt die Reaktion seines Handelns vom Sohn als Objekt in Form von fliegenden Büchern zurück. Egal, ob er seinen Fehler einsieht oder nicht.

Das Gleiche gilt aber auch für den Sohn: Der Sohn sagt sich, aufgrund meines Krankheitsbildes kann ich mir erlauben, zurückzuschlagen, denn das ist mein Krankheitsbild, ich weiß ja, daß ich hirngeschädigt bin. Er muß aber die Reaktion seines Vaters als Objekt ertragen, völlig gleichgültig, ob er nun im Recht ist oder nicht.

Wenn nun beide bereit sind, die Verantwortung für ihr Handeln zu tragen, werden sie auch bereit sein, sich in gewissen Beziehungen schuldig zu sprechen oder ihre persönliche Schuld (des Subjektes) zuzugeben, und werden dem andern (dem Objekt) vergeben können. Im Wechselspiel von Schuld und Vergebung liegt die eigentliche Kraft zur Konfliktbewältigung.

Sehr oft aber bekommen Kinder durch unbedachte Drohungen und Einschüchterungen tief verwurzelte Schuldgefühle. Wer sich mit dieser Frage beschäftigt, weiß, wie viele Kinder unter Schuldgefühlen leiden. Das Schlimme sind nicht die Gefühle als solche, sondern die Aussichtslosigkeit, mit ihrer Last zu ihren Eltern kommen zu können.

Wenn Eltern solches erfahren, erschrecken sie meistens und besänftigen und trösten sofort. So treibt das Kind in eine noch größere Einsamkeit. Es ist völlig gleichgültig, ob dieses Gefühl eigener Schuld berechtigt oder unberechtigt ist. Es ist Tatsache wie ein Beinbruch und muß wie ein Beinbruch ernst genommen werden.

In einem Sonntagskurs kommt ein Telefonanruf. Zwei Mütter von zwei siebenjährigen Buben müssen sofort nach Hause. Es wäre ein Unglück passiert, so hieß es. Was war geschehen?

Die beiden gut befreundeten Knaben waren in Abwesenheit ihrer Mütter damit beschäftigt, im Garten ein neues Zelt aufzubauen. Bei einer unglücklichen Drehung verletzt der eine seinen Freund mit der Spitze der Zeltstange am Auge, welches schlagartig stark blutet. Der Junge hält seine Hand vor das blutverschmierte Auge und rennt zum Vater in die Wohnung, und dieser mit dem Sohn sofort ins Spital. Sein Freund rennt ganz verwirrt den Wiesenabhang hinunter und muß regelrecht eingefangen werden. In der Vorstellung, er habe seinem Freund das Auge ausgestochen, ruft er unaufhörlich: „Ich bin nicht schuld, ich bin nicht schuld, ich bin nicht schuld!" Glücklicherweise mußte nur oberhalb des Auges genäht werden, das Auge selber blieb unversehrt.

Das eigentlich Wichtige an dieser Begebenheit erfuhr

ich erst später. Der Junge konnte sich erst beruhigen, als er anderntags im Krankenhaus seinen Freund besuchen konnte und ihm die Hand geben konnte und als er spürte, daß zwischen ihnen alles in Ordnung war. Er hatte die Vergebung seines Freundes nötig. Unsere Frage lautet: Wie verhalten sich die Eltern in solchen Situationen? Das Auge hätte ja wirklich verloren sein können. Wie hätte dann Vater oder wie hätte dann Mutter mit ihrem Sohn gesprochen? Verharmlosen ist das Dümmste, was man machen kann.

Nie ist ,aktives, einfühlendes Zuhören' so wichtig wie bei Schuldgefühlen. Schuldgefühle müssen ernst genommen werden und dürfen nicht heruntergespielt werden. Das Kind darf sich in keiner Weise angegriffen, korrigiert oder kleingemacht fühlen. Es muß sich voll und ganz verstanden fühlen. Erst dann kann die positive Verarbeitung beginnen. Sie geschieht mit den bisher im ganzen Buch besprochenen Elementen.

Über seine Schuld reden zu können, muß ein befreiendes Gefühl auslösen, sonst ist etwas falsch.

Konfliktlösung wird ermöglicht durch zwei Überlegungen:
1. Meiner Beschuldigung liegt in jedem Falle mein eigenes Problem zugrunde.
2. Die Beschuldigung und Aggression des andern entspringt in jedem Falle seiner Notsituation.

Wenn mir diese beiden Punkte klar sind, werde ich ...
1. in der Auseinandersetzung stets und immer bei meinem Problem bleiben;
2. die Anschuldigungen des andern nicht gegen mich persönlich gerichtet, sondern als Projektion seiner Notsituation sehen können;

3. vergeben können und dadurch inneren Frieden erlangen und
4. fähig sein, um Vergebung zu bitten und dadurch dem andern Frieden zu ermöglichen.

Wahre Konfliktlösung wird dann möglich, wenn jeder bereit ist, die Verantwortung für sein Handeln zu übernehmen.

---

12. Schlußfolgerung

Da ich bei einer Konfliktlösung nie um die Schuldfrage herum komme, heißt meine einzig sinnvolle und menschliche Antwort: Vergebung. Nicht als Forderung irgendeines rachesüchtigen Gottes, sondern schlicht und einfach für meine eigene seelische Hygiene.

Ich muß sowohl vergebungsbereit sein, als auch Vergebung vom andern erbitten können.

13.

Richtig helfen
durch richtiges Verstehen

In einem meiner Kurse war eine Mutter mit drei Kindern im Alter von 18 bis 25 Jahren. Nennen wir sie Frau Ihring. Sie war recht stolz auf ihre Familie und betonte des öfteren, daß sie nie ernstliche Schwierigkeiten in der Erziehung gehabt habe. Ihre Kinder wären gut erzogen und brav.

Als eine andere Teilnehmerin berichtete, ihre erwachsene Tochter würde des öfteren anrufen und von ihren Erlebnissen und Problemen berichten, liefen Frau Ihring plötzlich Tränen über die Wangen und sie sagte: „Auf diesen Moment warte ich schon seit Jahren. Meine Kinder sind zwar alle nett zu mir und sie organisieren mir auch jährlich einen großartigen Geburtstag. Warum aber sagen sie nichts, aber schon gar nichts aus ihrem Leben? Wie oft habe ich schon darum gebeten! Immer wieder bezeuge ich Interesse an ihren Freuden und Leiden. Und noch immer wäre ich bereit, ihnen zu helfen, dort wo es not tut. Jedoch – meine Kinder bleiben immer anonym, zwar freundlich, aber verschlossen. Warum muß das sein?"

Hier hat die zweite Abnabelung nicht stattgefunden. Die Mutter hat ein Leben lang regiert (sehr autoritär, wie sich im anschließenden Gespräch langsam herausstellte). Sie hat befohlen, gelenkt, entschieden – alles zum Besten der Kinder, wie sie meinte. Die Kinder aber

waren dazu verurteilt, die Wertvorstellungen der übergroßen Mutter zu übernehmen, um zu Hause überhaupt
existieren zu können. So hatten sie gar keine andere
Wahl, als ‚brav' zu sein. Dafür haben sie sich hinten-
herum klammheimlich abgesetzt. Nur so konnten sie der
ewigen Bevormundung entgehen. Gerade durch das
‚An-sich-binden-wollen' hat Frau Ihring ihre Kinder
verloren.

Diesen Prozeß beobachtet man sehr häufig. Er geschieht
meist in folgenden vier Schritten:

1. Die Kinder äußern in mehr oder weniger verschlüsselten Botschaften ihre Probleme und Unlustgefühle.
   Oft wird der nun folgende Konflikt zwischen Eltern
   und Kindern nicht ausgetragen. Man schweigt sich
   darüber hinweg und inmitten durch.

2. Parallel dazu verläuft meistens eine große Strenge
   formaler Art: Man hat sich einfach nach den Gepflogenheiten der Familie zu richten. Dem Kind bleibt
   nichts anderes übrig, als die Wertvorstellungen zum
   Schein zu übernehmen. So manipuliert man sein eigenes Kind in eine Unaufrichtigkeit hinein.

   Wenn nun die Eltern verpassen, die unterschwelligen
   Unlustgefühle und Konflikte offen und ehrlich auszutragen, haben sie eine goldene Gelegenheit verpaßt, mit ihren Kindern in ein aufbauendes, und
   bestimmt auch interessantes Gespräch zu kommen.

3. Die Kinder werden still und anonym. Sie tun, was getan werden muß, und bauen im stillen an ihrer ganz
   privaten Gedankenwelt. In der Folge bespricht man
   in der Familie nur vordergründige Tagesthemen und
   sachliche Informationen. Das eigentliche Problem ist
   tabu.

4. Nach dem ersten Zahltag, nach Antritt der ersten Stelle in der Fremde, ist der Bruch mit der Familie perfekt. Die Kinder haben sich abgesetzt.

Das Erstaunlichste an diesem Vorgang ist: Meistens stehen die Eltern völlig fassungslos vor diesem Scherbenhaufen ihrer, ach so aufwendigen Erziehung. Meistens schweigen sie ihre Enttäuschung in sich hinein.

Was war in all diesen Fällen geschehen? Die Kinder konnten ihre inneren Nöte und Konflikte nicht mit ihren Eltern austragen. Sie fühlten sich unverstanden und alleingelassen.

Eltern haben zwar die Macht, ein lügenhaftes Kind so hart zu bestrafen, daß es nicht mehr lügt. Dieses Kind wird sich aber nie – absolut nie – seinen Eltern offenherzig zuwenden. Es wird nach noch raffinierteren Mitteln suchen. Durch die Härte der Strafe wird sich bei ihm das Leitbild entwickeln: „Ich bin der schlaue Fuchs, den niemand durchschaut." Man prügelt das Kind in eine noch größere, raffiniertere Unaufrichtigkeit hinein.

Der schlaue Fuchs wird sich zu Hause fügen, er wird seine wahren Gedanken und Gefühle verheimlichen. Er wird farblos und undurchsichtig. Bei der ersten Gelegenheit aber, nach dem ersten großen Krach, nach Abschluß der Lehre ist das gut behütete Kind plötzlich entschwunden. Den Eltern bleibt der Schock.

Dieses Buch will Eltern ein solch trauriges Ende ihrer jahrelangen Erziehung und Aufopferung ersparen. Es zeigt Ihnen den Weg, wie es möglich werden kann, ein inniges und offenes Verhältnis mit den Kindern bis ins hohe Alter zu bewahren.

Folgende Fragen sind am Ende dieses Buches zu stellen: Wie könnte das Verhältnis vom übergroßen Vater, von der umsorgenden, behütenden Mutter sich langsam wandeln zu einem Verhältnis der Freundschaft, des gern befragten Beraters?

Unsere Antwort lautet:

Mein Kind wird auch als Halbwüchsiger bereit sein, Konflikte und Differenzen mit mir vernünftig auszutragen, wenn ich ihm in der ‚verstehenden Grundhaltung‘ begegne. Diese verstehende Grundhaltung kann man in folgende vier Punkte fassen:

1. Anstatt jede Aussage meines Kindes zu bewerten, ... werde ich meinem Kind die nötige Achtung als selbständiges Wesen erweisen.

2. Anstatt Vorwürfe zu machen und ewig Ratschläge zu erteilen, ... werde ich problemorientiert sein. Ich werde Konflikte offen und ehrlich austragen.

3. Anstatt zu bestimmen, was zu Hause geredet und geschwiegen wird, ... werde ich die Übereinkunft treffen, daß sich beide Seiten wohl fühlen sollen.

4. Anstatt das Kind an mich binden zu wollen, ... werde ich es fühlen lassen, daß ich im *Freiraum* gewähre.

114

Wir erklären hier die vier Punkte noch etwas näher:

1. Gegenseitige Achtung

Nur wenn mein Kind spürt, daß es wirklich ernst genommen wird, wird es beginnen, ‚vernünftig' zu reagieren. Nur wenn ich meinem Kind nicht als meinem Besitz, sondern als einem einmaligen Individuum mit einem originalen Schicksal gegenübertreten kann, wird es sich mir aus Freiheit zuwenden.

2. Konflikte offen besprechen

Nur wenn das Kind spürt, daß es mit allen Problemen zu seinen Eltern kommen kann, nur wenn das Kind spürt, daß seine Probleme ernst genommen werden, wird das Kind auch weiterhin gerne zu seinen Eltern kommen. Gemeinsame Konflikte totzuschweigen ist das sicherste Mittel, den Kontakt zu seinen Kindern zu verlieren.

3. Bekenntnis: beide Seiten sollen sich wohl fühlen

Wenn die Kinder spüren, daß die Erziehungsmaßnahmen immer nur den Vorteilen der Eltern dienen, werden Kinder ihren eigenen Weg suchen. Das Bekenntnis: ‚beide Seiten sollen sich wohl fühlen können' ist ein starker Anreiz, immer wieder nach Hause zu kommen.

4. Freiraum gewähren

Jeder Mensch, auch ein Kind, braucht einen Freiraum zum Atmen, einen Garten, der ganz ihm gehört, eine Sphäre, in der er sich frei bewegen kann.
Den Nächsten lieben heißt zunächst einmal, ihn in Ruhe zu lassen, bedeutet: nicht ungebeten quer über seine Blumenbeete zu stapfen.

Jedem Haustier, jedem Kanarienvogel, jedem Meer-
schweinchen, jeder Katze gönnt man einen Ort, an den
sich das Tier ungestört zurückziehen kann. Warum nicht
auch dem eigenen Kind? Auch ein Kind braucht seine
Intimsphäre.
Wahre Liebe macht frei. Echte Zuneigung kann man
nicht erzwingen. Nur die innere Bereitschaft, sein Kind
freizugeben, erbringt das schönste aller Erlebnisse: Die
Zuwendung seines Kindes aus Freiheit.

Wer wünscht, daß sein Kind aus Freiheit sich ihm zu-
wendet, für den gilt mit aller Konsequenz:
Man ist nur fähig, richtig ‚aktiv zuzuhören‘, wenn man
den andern ernsthaft verstehen will. Nur wenn man
versteht, wird man richtig helfen können. Wer zu verstehen glaubt, ohne helfen zu können, muß sich irren. Er
hat noch nicht richtig verstanden. Nur wenn sich der andere verstanden fühlt, gewinnt man seine Zuwendung.
Liebe Leser, es ist möglich, daß Eltern alle technischen
Mittel in diesem Buch beherrschen und doch keinen Erfolg haben.
Es ist auch möglich, daß Eltern Fehler über Fehler bege-
hen und doch Erfolg haben. Woran mag das liegen?
Es liegt an der ‚fragenden Grundhaltung‘. Wir verstehen
darunter:
1. Fragend im Sinne: ‚Wer ist der andere? Welches Wesen ist mein Kind?‘
2. Fragend im Sinne: ‚Handle ich richtig? Wie müßte
   ich mein Verhalten ändern, um besseren Zugang zu
   meinem Kinde zu bekommen?‘
Nur eine ‚Fragende Grundhaltung‘ wird Erfolg bringen.
Dieses Buch will nicht Verhalten vermitteln, sondern
Haltung.

13. Schlußfolgerung

Das Verhältnis zu meinem Kind wird wärmer, offener, herzlicher, wenn ich mir folgendes vornehme:
Ich will bestrebt sein, die innere Not meines Kindes zu verstehen. Dies gelingt mir nur, wenn ich problemorientiert bin und sein Leitbild erfasse.
Mein Kind soll sich von mir verstanden fühlen. Ich schenke ihm den *Freiraum,* der ihm zusteht.

Zum Abschluß eine kleine Parabel

Der Wind und die Sonne saßen beisammen und schauten auf die Erde hinunter. Sie beobachteten einen Wanderer, der übers Feld zog. Da schlossen beide eine Wette ab, wer es wohl fertig bringen würde, dem Wanderer die Jacke auszuziehen.

Da sagte der Wind: „Das schaffe ich in ein paar Minuten." Er nahm einen gehörigen Anlauf und versetzte dem Wanderer einen kräftigen Windstoß. Die Jacke flog auch hinten hoch und über den Kopf des Wanderers. Dieser schränkte seine Arme blitzartig zusammen, und so konnte der Wind die Jacke nicht über die Arme runterziehen.

Der Wind zog sich noch einmal zurück, um einen noch größeren Anlauf zu nehmen. Diesen Moment benutzte der Wanderer und knöpfte die Jacke ringsherum zu, er band auch den unteren Schnurzug zu und auch den um den Hals. Doch schon kam der Wind so stark, daß der Wanderer umfiel. Er rollte sich zusammen und wartete, bis die Sturmböe vorüber war.

Und nun begann die Sonne ihren Versuch, sie ließ ihre Sonnenstrahlen direkt auf den Wanderer fallen, dem wurde es endlich wieder angenehm warm, und er setzte seine Wanderung fort. Doch die Sonne hatte Geduld. Dem Wanderer wurde warm und wärmer, und schließlich zog er seine Jacke aus und band sie über den Rucksack. Die Sonne aber zog sich mit einem feinen Lächeln hinter eine Wolke zurück, damit der Wanderer auch keinen Sonnenstich bekäme.

Antworten auf die Aufgaben
in diesem Buch

Zu Kapitel 1

Situation oder Verhalten wertend, also leicht vorwurfsvoll	Situation oder Verhalten wertfrei, also ohne Vorwurf.
Edwin, wie oft muß ich dir sagen: Dein Fahrrad gehört nicht vor die Garagentüre!	Edwin, dein Fahrrad liegt vor der Garagentüre.
Nicole, warum muß denn das Radio so laut laufen? Da wird man ja schwerhörig!	Nicole, ich höre deine Musik in meinem Zimmer, als würde der Lautsprecher neben mir stehen.
Großmutter, das Geklapper von deinem Gebiß verdirbt mir den ganzen Appetit!	Großmutter, ich höre das Wackeln von deinem Gebiß ganz deutlich.

Zu Kapitel 4

Aussage	Gründe
1. Ist das Mittagessen schon fertig?	1. Ich habe Hunger. Ich bin in Eile. Ich möchte noch schnell etw. erledigen.
2. Heute hat uns der Lehrer wieder eine blöde Aufgabe gegeben.	2. Ich mag den Lehrer nicht. Ich mag das Fach nicht. Ich kann die Aufgabe nicht lösen.
3. Die Monika darf immer länger aufbleiben als ich.	3. Ich möchte auch länger aufbleiben. Eifersucht auf Monika. Ihr seid ungerecht.

Zu Kapitel 8

Das veränderte Verhalten von Oliver in Form von AZ	
Warum?	**Wozu?**
1. Du ärgerst dich, daß die Bekannten so lange mit uns reden	Du möchtest denen so richtig lästig werden, damit sie wieder gehen.
2. Das ist schrecklich langweilig, wenn die so komisches Zeug quasseln.	Wenn du auf die Straße rennst, muß ich mich endlich mit dir beschäftigen.
3. Du bist jetzt sauer, weil man dich wie Luft behandelt.	Irgend etwas mußt du ja jetzt machen, damit wir merken, daß du ja auch jemand bist.

Empfohlene Literatur

Thomas Gordon, Familienkonferenz (Hoffmann & Campe, Hamburg, 1978).

Rudolf Dreikurs / Loren Grey, Kinder lernen durch die Folgen (Herderbücherei, Band 612, 1981).

Bernard Postmeyer, So hilfst du deinem Kind (Herder-Verlag, Freiburg, 1981).

Fritz Künkel, Die Arbeit am Charakter (Friedrich-Bahn-Verlag, Konstanz, 1985).

Friedemann Schulz von Thun, Miteinander reden: Störungen und Klärungen (Rororo-Verlag, Hamburg, 1986).

Bruno Bettelheim / Daniel Karlin, Liebe als Therapie, Gespräche über das Seelenleben des Kindes (Piper ³1986).

Bruno Bettelheim, Der Weg aus dem Labyrinth (Deutsche Verlags-Anstalt, Stuttgart, 1975).

Rüdiger Rogoll / Ulrike und Christa Marwedel, Ich mag mein Kind – mein Kind mag mich! Transaktionsanalyse für Eltern (Herderbücherei Band 1268, Freiburg 1986).

PACHER
KURSE

Brauchbares Wissen, sicheres Können,
klar und übersichtlich,
erfrischend, spannend, unterhaltend.

Freude an der Familie

Ein Kurs für Eltern und Alleinerziehende,
bestehend aus drei Teilen zu je 15 Stunden. Man
verpflichtet sich jeweils nur für einen Teil.

Konfliktlösung am Arbeitsplatz

Ein Kurs für Angestellte in leitender Funktion,
bestehend aus drei Teilen zu je 15 Stunden. Man
verpflichtet sich jeweils nur für einen Teil.

Weitere Auskunft erteilt:

Sekretariat Brunau, Seestr. 161, CH-8002 Zürich

Familienleben

Ulrich Beer
Gebt eure Kinder frei
Erziehung zur Selbständigkeit
Band 974, 128 Seiten

Ilse Dittmar
Wieviel Liebe braucht ein Kind?
Eltern dürfen hoffen
Band 1212, 128 Seiten

Rudolf Dreikurs / Loren Grey
Kinder lernen aus den Folgen
Wie man sich Schimpfen und Strafen
sparen kann
Band 612, 144 Seiten, 8. Aufl.

Hannelore Merz
1 × 1 der Partnerschaft
Wie man miteinander glücklich wird
Band 1248, 128 Seiten

Rüdiger Rogoll
Ulrike und Christa Marwedel
Ich mag mein Kind – mein Kind mag mich!
Transaktionsanalyse für Eltern
Band 1268, 128 Seiten

Herder Taschenbuch Verlag